丛书主编　吴冬梅　周德生

关键能力：
企业管理者软技能提升丛书

Stratagem of Innovation

The Ability to Break an Innovation Dilemma

创新制胜

打破创新窘境的能力

刘亚林◎编著

创新是企业永续发展的动力，创新的意识已经深入人心。可以说如果没有创新，企业就不可能在激烈的市场竞争中有立足之地。作为企业的管理者，如果忽视创新，忽视对创新的管理，那就有可能在面对一个又一个创新的思想、方法和产品的时候，不可避免地丧失一个又一个发展、腾飞的机遇。机不可失，时不再来。编写本书的目的是为了使广大的企业家、创业者们对创新管理有一个比较清晰和全面的了解，并对他们的实践能有所启发。

图书在版编目（CIP）数据

创新制胜／刘亚林编著．—北京：机械工业出版社，2014.2

（关键能力：企业管理者软技能提升丛书/吴冬梅，周德生主编）

ISBN 978-7-111-46113-5

Ⅰ.①创… Ⅱ.①刘… Ⅲ.①企业管理 Ⅳ.①F270

中国版本图书馆 CIP 数据核字（2014）第 046815 号

机械工业出版社（北京市百万庄大街 22 号 邮政编码 100037）

责任编辑：坚喜斌 宋 燕　　责任印制：乔 宇

北京铭成印刷有限公司印刷

2014 年 4 月第 1 版·第 1 次印刷

170mm×242mm·11.25 印张·1 插页·183 千字

标准书号：ISBN 978-7-111-46113-5

定价：42.00 元

凡购本书，如有缺页、倒页、脱页，由本社发行部调换

电话服务

社服务中心：（010）88361066

销售一部：（010）68326294

销售二部：（010）88379649

读者购书热线：（010）88379203

网络服务

教材网：http：//www.cmpedu.com

机工官网：http：//www.cmpbook.com

机工官博：http：//weibo.com/cmp1952

编委会

前　言

自从熊彼特提出“创新”的概念以来，很多专家学者和企业家们都在创新这条道路上努力探索，以求寻找到适合社会和企业自身发展所需的创新理论和创新工具，在探索的过程中积累了丰富的研究和实践经验，特别是那些开拓性创新及其成果为后来者提供了具有指导意义的创新方向。可以说，历经100多年，创新的理论更加完善，创新的理念深入人心，创新的工具更加务实。在当今社会，可能没有人会说不重视创新了。事实也证明，只有创新，企业才能生存和发展，如果停滞不前，只能被时代的潮流所淘汰。柯达公司曾经是世界上最大的影像产品及相关服务的生产和供应商，是一家在纽约证券交易所挂牌的上市公司，业务遍布150多个国家和地区，全球员工约8万人。但是由于柯达公司存在着投资单一、眷顾传统、角色模糊等战略问题而错失了许多良机，创新的步伐也跟不上时代的要求。2012年1月，柯达公司因股价低迷面临摘牌退市的危机，美国柯达公司及其美国子公司已经正式依据美国《破产法》提出破产保护申请。而作为2010年4月才成立的北京小米科技有限责任公司，大胆开展营销模式、商业模式和竞争战略的创新，首创了用互联网模式开发手机操作系统和发烧友参与开发改进的理念，在短短的3年内，公司一跃而起，产品供不应求，有人称小米手机是继苹果、三星之后，世界上第三个最赚钱的手机。

创新是企业永续发展的动力，创新的意识已经深入人心。可以说如果没有创新，企业就不可能在激烈的市场竞争中有立足之地。作为企业的管理者，如果忽视创新，忽视对创新的管理，那就有可能在面对一个又一个创新的思想、方法和产品的时候，不可避免地丧失一个又一个发展、腾飞的机遇。机不可失，时不再来。创新的火花一旦没有被紧紧抓住，那它就只能像夜空中的流星，闪亮掠过却没有留下任何痕迹，留给人们的只是懊恼和叹惜。

任何一个企业运行的环境都不是一成不变的，而要受到政治、经济、社会和管理者决策等方面的影响，并且自觉不自觉地经历着快速的变化。一个有生命力的组织就必须适应这种变革的环境以更好地生存和发展，因此创新是必由之路。当管理者经过综合判断各种信息之后，特别是绩效结果低于管理者认可的标准时，创新就应该成为管理者主动的选择。一个成功的创新包括很多因素，主要有：创新者对创新的本质要有清晰的了解；创新者具备必要的知识和技能；事先确定好的创新评估的标准；建立并使用有效的沟通方法和渠道以及广泛地、多层面地对创新进行评估。

正像其他有目的的实践活动一样，如果要实现成功的创新，就必须对其进行有效且高效的管理。在过去较长的一段时间内，人们的创新活动往往处于自发状态，还没有完全上升到自觉的行动。同时由于理论研究的欠缺，对什么是创新还存在着不同的见解，因此要使创新真正成为经济社会发展的内在动力，就必须对其进行有意识的管理，明确其目的、规范其流程，扩大其影响，使创新更加符合企业的要求，以增强企业的实力，积极应对变化莫测的市场需求，促进企业更好的发展。对创新进行管理，就是要使创新活动可控，在人们的掌握范围之内，使创新朝着人们预定的方向前进。同时管理者还需要仔细考虑创新如何符合战略的需求，做好相关的技术、技能、资源等方面的保障工作。现在很多大企业都设立首席创新官（Chief Innovation Officer，CIO），专门负责企业的创新策略、创新流程和创新工具的管理，随着商业领域多极化的竞争与发展，CIO 将成为未来企业最为重要的职位领导者之一。国外已经开始有各种各样的 CIO 培训，并受到了广泛好评。

关于创新管理的研究，主要有两个方面：一个是从技术角度，认为技术研发是创新型企业的前沿，理论和实践证明，技术不仅在创造新产品和新流程中起着关键作用，而且在推动产业发展，改变产业结构等方面也都扮演着重要角色，所以过去说到创新，更多的就是指技术创新，尽管创新并不总是以技术为基础的。另一个是从人的角度，重点是组织结构和文化。在创新管理的一些关键因素当中，来自高层管理者的支持和投入对于成功的创新是至关重要的，特别是激进式创新需要一定水平的学习和变革的时候，领导力就显得更为重要了，因为它需要由高层管理者掌握的资源和力量来克服组织的惰性，同时通过领导力可以构建一个良好的环境来培育创新。对于高层管理者来说，重点是要平衡当前和未来的需求。首先要明确创新的目标是现有的市场还是新市场；其次要明确创新是对现有产品或服务的提升还是要着眼于新产品或新服务；再次是明确创新的类型；最后是要明确创新的战略意图。

企业是创新的主体。对于企业的创新来说，创新的重点和本质在于商业化，商业化是企业创新的应用之意，没有商业化这个过程，就不能说是严格意义上的创新。很多发明之所以只能叫发明而不能称之为创新，就是因为止步于发明，而没有经过商业化阶段或者说商业化失败了。商业化可以真正带来价值，改善组织内部结构，推动经济社会发展，提高人们的生活水平和质量。商业化是创新的重要目标，有了这个目标，创新的目的就更加明确，使创新更具有实践意义。

创新管理也是管理学内容的一个组成部分，离不开管理的几大要素，如计划、组织、指挥、协调、控制等，这就需要管理者具备对创新的管理技能。通常说，管理技能可以分为技术技能、人际技能和概念技能。技术技能是指熟悉和精通某种特定专业领域的知识，如计算机、财务、会计或者机械制造等。人际技能是指处理人际关系的能力，具有良好人际技能的管理者能够提升员工的热情和信心，这些技能对于各个层次的管理者都是必备的。概念技能是管理者对复杂情况进行抽象和概念化的技能。运用这种技能，管理者必须能够将组织看作一个整体，理解各部分之间的关系，想象组织如何适应它所处的广泛的环境。对于高层管理者来说，概念技能是非常重要的。

在创新管理的过程中，个性化的研究尤为必要，比如说大企业和小企业的创新、服务业和制造业的创新等，虽然都是创新，本质相同，但内容和方法迥异，需要有针对性的研究探讨，如果笼统地套用过去既有的创新模型，而忽视企业的自身特点，创新可能难以达到预期的效果。

编写本书的目的是为了使广大的企业家、创业者们对创新管理有一个比较清晰和全面的了解，在实践中对他们能有所启发。在编写本书的过程中，我们参阅了大量国外的资料，本意是“他山之石，可以攻玉”，毕竟发达国家的创新能力有很多是需要我们认真学习和借鉴的，同时也为国内的企业家和创业者们提供更多生动鲜活的材料。本书虽然对创新管理作了一些有益的探索，但由于本人研究水平有限，难免存在一些不尽如人意的地方，恳请专家、学者和读者批评指正。

刘亚林
2014 年 4 月

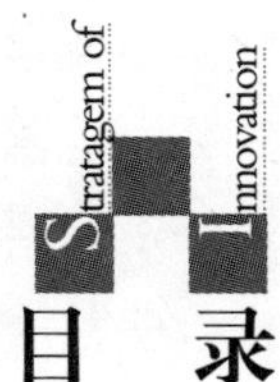

目 录

第1章 创新概述

《财富》世界500强排行榜从1955年创立到2001年的46年中，每年平均有30家公司从名单上消失，持续的流失率是每年6%，有些公司只是该排行榜上的匆匆过客。

1917年，《福布斯》杂志创建了美国公司100强名单。到1987年，其中的61家已经不复存在。

1957年，标准普尔500指数名单上的公司由70家扩展到500家。1997年，之前的500家公司中只有74家仍然存在，这表明每年有超过10家公司破产。预计到2020年，标准普尔500指数名单上将会有超过3/4的新公司出现。

一切都不可能保持永久，除非你保持持续的创新。创新是一个国家发展的不竭动力。没有创新就没有一个国家的进步和发展，企业同样如此。

1.1 创新的基本内容

1.1.1 创新的定义

创新是什么，至今没有一个统一的定义。

现在比较公认的说法是，“创新”一词是由奥地利裔美国经济学家J. A. 熊彼特在1912年出版的《经济发展理论》一书中提出并表述其含义的，在其后1939、1942年出版的《经济周期》和《资本主义、社会主义和民主主义》两书中又将创新的含义系统化。熊彼特提出的“创新”是一个经济学概念，包括五个方面：①研制或引进新产品；②运用新技术；③开辟新市场；④采用新原料或原材料的新供给；⑤建立新的组织形式。熊彼特的创新概念包含的范围很广，涉及技术性变化的创新及非技术性变化的组织创新。20世纪70年代以后，“创新”的含义在熊彼特提出的概念基础上又有了很大的延伸和发展。

经济合作与发展组织（OECD）将创新描述为产生财富或者社会福利的新产品、商业流程和有机变革。

英国贸易与工业部对创新的定义是：新思想的成功开发。

《中国大百科全书》第2版对创新的定义是：现实生活中一切有创造性意义的研究和发明、理论和方法、见解和活动，包括创造、创见、创业、创举等。

牛津经济学词典对创新的定义是：新思想在经济上的运用。产品创新涉及一个新的或改进的产品，流程创新涉及一个新的或改进的制造产品的方法。

Wiley 经济学词典对创新的定义是：新的商品、新的服务或者新的生产方式的引入。

还有很多专家、学者都从不同的角度来描述创新：

Ahmer㊀：创新是一种普遍的态度，允许企业可以看得更远并创造未来。

Hamel㊁：创新是指与传统的管理规则、流程和实践或通常的组织形态的明显分离，而且显著改变了管理的方式。

Herkema㊂：创新是以创造新知识为目标的知识流动，其目的是商业开发和解决问题，同时也是组织对于新的思想和行为的接受。

Mudrak㊃：创新是将新的理念付诸于实际应用的持续过程。

Norausky㊄：创新可能是一种新产品、生产旧产品的新方法、分销产品的新方法或者是从事商业活动的新方法。

Roberts㊅认为创新由两部分组成：一部分是思想或发明的产生；另一部分是发明转换成商业或其他有价值的应用。

㊀Ahmed, Parviz K. Culture and Climate for Innovation. Innovation Management, 1998, Vol. 1 (1): 30 – 43.

㊁Hamel G. Bringing Silicon Valley Inside. Harvard Business Review, 1999, Vol. 77 (5): 70 – 84.

㊂Herkema S. A Complex Adaptive Perspective on Learning within Innovation Projects. The Learning Organization, 2003, Vol. 10 (6): 340 – 346.

㊃Mudrak Tomas, Andreas van Wagenberg, Wubben Emiel. Assessing the Innovative Ability to FM Teams: a Review Facilities, 2004, Vol. 22 (11/12): 290 – 295.

㊄Norausky Patrick H. A Competitive Advantage: Customer and Supplier Innovation Teams. Quality Congress. ASQ's 52nd Annual Quality Congress Proceedings, 1998: 436 – 446.

㊅Roberts E. B. Managing Invention and Innovation. Research Technology Management, 2007, Vol. 50 (1): 35 – 54.

Van Duivenboden 等人认为[一]：创新意味着创造和应用能够真正改变现状的组合，不管这种变化是渐进式的还是激进式的，它都具有三个特征：是新的、组合了现有资源、有实际的应用。

West M. A. [二]等人认为：创新是指在一个群体或组织里引入和应用相对新的思想、过程、产品和流程，并对个人、群体、组织或社会产生重要的利益影响。

Zhuang[三]等人认为：创新包括发明、改善以及他处创新的吸收和扩散。同时将创新分为：①输出创新，也就是在产品、服务、包装和交货方面的创新；②输入创新，也就是在使用的原料、资源和供应模式上的创新；③过程创新，也就是处理技术、技巧和技能等方面的创新。

李开复[四]认为，创新包括三大要素：新颖、有用、有可行性。同时提出五项创新原则，即：洞悉未来、打破陈规、追求简约、以人为本、承受风险。

还有的专家将创新看成一个生态系统，强调创新系统各部分的知识配置，要通过一系列伙伴的互补协作，才能达到创新的目的。企业的创新生态系统不仅包括企业之间的知识互补，同时还包括企业内部各功能的协调。

关于创新，有一个重要的问题，就是商业化。从广义上说，创新可以不包括商业化，如理论创新、文化创新、制度创新、艺术创新等，本身并没有涵盖商业化的部分，很多创新也只能说可能带来潜在的商业价值。从狭义上讲，创新包括商业化的阶段，更多的是针对企业的创新活动，因为企业是以追逐利润为目标的经济实体，创新的根本目的就是为了商业化。本书所讲的创新就是有关企业的创新。

还有一个争论比较多的问题是关于创新的新颖性。实际上，创新的新颖性并不是创新产品使用的时间问题，而是依赖用户对创新产品新颖性的认知。一个创新就是一个新的思想，可能是老的思想的再组合，也可能是挑战现有秩序的一个计划或者一种独特的方法，有的人认为创造力需要真正的新，但

[一]Van Duivenboden, Hein and Marcel Thaens. ICT - driven Innovation and the Culture of Public Administration: A contradiction in Terms?. Information Polity, 2008: 213 - 232.

[二]West M. A., Farr J. L. Innovation and Creativity at Work. Psychological and Organizational Strategies, 1990: 3 - 13.

[三]Zhuang Lee, Williamson David, Carter Mike. Innovate or Liquidate - are all Organizations Convinced? A Two - phased Study into the Innovation Process. Management Decision, 1999, Vol. 37 (1): 57 - 71.

[四]李开复. 做最好的创新.［J］企业管理，9，2009：66 - 68.

创新可能就是当前环境中理念的适应，只要一个理念对所涉及的人来说是新的，它就是创新，即使对其他人来说它是模仿的。

创新通常被认为是一件好事，因为人们通常认为新思想必定是有用的，可以带来利润或者解决实际问题，没有用处的思想是不能叫做创新的。当然，客观地说，思想的有用性只有在创新流程完成之后才能被确定，而且当许多新的思想在组织中被提出之后，也只有非常少的新思想能够得到认真考虑，因为在一开始并不能确定新的思想是创新还是错误。

从创新的各种定义来看，创新具有以下几个特征：①新颖性；②有意识的、经过深思熟虑的，同时是可以进行计划的；③包含着应用的部分；④根本目的是为了提供和改进福利。

1.1.2 影响创新的因素

创新成功与否，要受到很多因素的影响。

McGinnis㊀等人认为影响创新的因素可以分为三类：环境的、组织的和个人的。创新的过程就是这三类因素相互作用的结果。比如说，如果外部环境是反对创新的，那么创新型的企业就不太可能得到发展。

Alan㊁认为影响创新的因素有以下九种：

（1）战略　是否有一个明确的、综合的、专门的、引人注目的、易于理解的以及鼓舞人心的战略来激励创新。

（2）流程　创新是否成为流程设计的组成部分，是否有一个吸纳创新的流程。

（3）目标　对于所有部门和员工来说，创新是否成为绩效衡量的组成部分。

（4）人的能力　创新是否成为管理者用来筛选潜在新雇员的一个因素，是否有开发创新技巧和创新知识的项目。

（5）信息　是否有信息系统和面对面的交流工具，使人们能够从过去创新的成功与失败当中有所学习和借鉴。

（6）结构和角色　组织的结构和角色是否能让创新兴旺昌盛或者阻碍对新思想的追求。

㊀McGinnis，Michael A，Ackelsberg M Robert. Effective Innovation Management：Missing Link in Strategic Planning? Journal of Business Strategy（pre－1986），Summer 1983，Vol. 4（1）：59－66.

㊁Alan Brache. Innovation Check－up. Leadership Excellence，Jun 2008，Vol. 25（6）：8.

（7）文化　文化和奖励制度是否鼓励创新。

（8）问题的解决　是否有有效的方法来解决创新的相关问题。

（9）领导力　领导者认识到了他们对创新氛围所产生的主要影响吗？他们对创新是积极的吗？

当然，还可以从影响创新成功实施的内部因素和外部因素来分析。

影响创新成功实施的内部因素包括：①财务的支持程度，是否允许重复尝试；②管理者承担风险的意愿以及当前的准备状态；③企业的规模；④战略实施的连续性；⑤企业的技术和组织水平；⑥与其他企业的合作；⑦智力资本。

影响创新成功实施的外部因素包括：①技术进步的速度；②当前的经济形势及发展趋势；③商业环境。

总的来说，对于创新的影响主要有宏观和微观两个方面。宏观方面主要是指国家或地区关于创新方面的政策、社会对于创新的态度和氛围以及可以提供创新的公共资源等。微观方面主要是指企业的组织架构、研发的经费、顾客满意度、技术传递以及员工对于创新的积极性等。

宏观环境和微观环境对于创新的实施和目标的实现都是缺一不可的，如果没有好的宏观环境，仅靠企业自己单打独斗搞创新，创新的成本就会大幅增加，创新的过程就会举步维艰，创新的成果也很难推广；但是如果企业自身创新能力不强，即使有再好的宏观环境，也很难想象企业会产生什么样的创新成果。

1.1.3　创新的动机

动机是一个复杂的心理过程，它是产生行为的根本原因。在大多数情况下，正面和反面的动机因素可能同时在运作，这样就使得个人或团队在决策时变得比较困难。创新的动机大概可以分为三种情况：①需要解决技术问题；②客户的需求；③公司高层的要求。

1. 需要解决技术问题

需要解决技术问题是指：①从纵向上说，技术陈旧了，需要对旧的技术加以淘汰或改进；②从横向上说，别的公司用了更新的技术，本公司的技术相对落后；③需要集中攻关的技术。

2. 客户的需求

客户是上帝，客户的需求就是创新的动力，这一点毫无疑问。但在面对客户的需求时，决策者还需要冷静、理性的分析：①客户的需求是个体的还是群体的；②客户的需求是当期的还是长远的；③客户的需求能否实现而不会让公司承担过多的风险。

3. 公司高层的要求

在很多情形下，创新的动机直接来源于公司高层的要求。这种要求可能涉及很多方面，有管理的、技术的、产品的、服务的，但不管如何，都要把这种要求变成可执行的具体方案，而不能不顾实际的盲目推进。

一般将动机分为内在的和外在的两个方面。内在动机行为是指那些行为的控制点是个人，外在动机行为是指行为的控制点在外部。

Saradindu Bhaduri[⊖]等人将内在动机分为工作的快乐、自信、自主权和责任，将外在动机分为奖励、知识产权、商业利益的前景、竞争压力、时间期限和外部的制约，按照思想的产生、试验和运用创新流程三个阶段，对 87 名创新者的动机进行了分析，结果发现，只有一部分创新者完全是受外在动机所激发，而大多数的创新者是完全受内部动机激发或是受到内在、外在动机混合激发。Saradindu Bhaduri 等人对动机的实验分析统计表如表 1-1 所示。

表 1-1　Saradindu Bhaduri 等人对动机的实验分析统计表

动机 / 流程	内在动机（%）	外在动机（%）	内在动机 + 外在动机（混合动机）
思想的产生	55	16	29
试验	29	5	66
运用	50	29	21

当不考虑混合动机时：内在动机在思想产生阶段的比例最高，达到了 55%。外在动机在应用阶段的比例最高，达到了 29%。结果表明，当创新的不确定性高的时候，内在动机可能是人们行为的主要驱动者，而创新的不确定性低的时候，外在动机的影响力提升了。

1.1.4　创新的流程

创新并不是一个单一的行为，而是一个事件，包含着一系列的步骤。从这个观点来看，创新活动具有一定的流程。创新流程可以从经济、社会、企业等不同的角度来审视。但不管怎样，一个创新流程通常包括两个大的阶段，创新的产生和创新的扩散。

⊖Saradindu Bhaduri，Hemant Kumar. Extrinsic and Intrinsic Motivations to Innovate：Tracing the Motivation of "grassroot" Innovators in India. Mind Soc，2011，Vol. 10：27－55.

彼得·德鲁克在他的《创新与企业家精神》一书中，提出了创新流程的五个主要因素：①寻找机遇；②分析（分析成本、开发一个商业计划）；③倾听（倾听潜在的使用者并理解他们的需求）；④聚焦（准确定义创新思想）；⑤引导（将人们组织起来并为创新思想创造一个市场）。

Teece David J[⊖]提出了连续模式和平行模式两种创新流程模式，如图 1-1 所示。

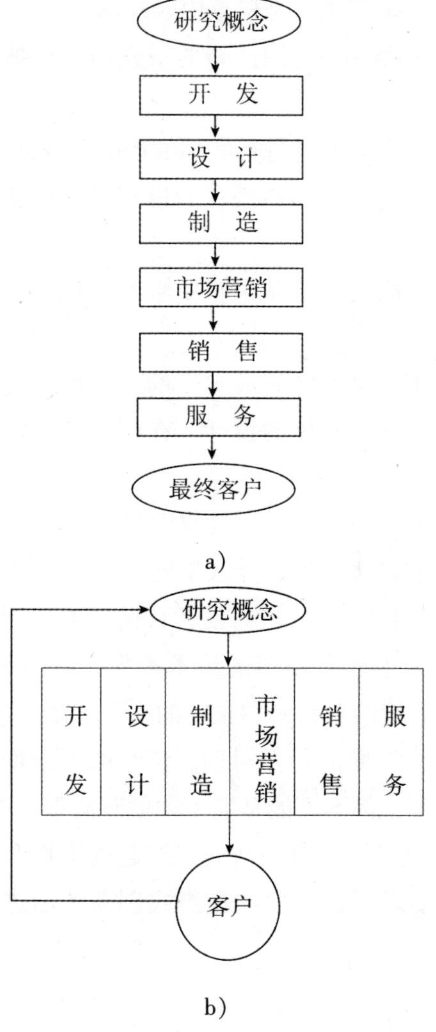

图 1-1　两种创新流程模式

a）连续模式　　b）平行模式

⊖Teece David J. Inter－organizational Requirements of the Innovation Process：INTRODUCTION. Managerial and Decision Economics，Spring 1989：35－42.

Eugenio Pellicer[㊀]认为创新流程一般包括四个方面：计划、实施、监测和评估。

Kezsbom Deborah S[㊁]认为创新过程包括五个阶段：搜索、战略、提供资源、实施、学习和再创新

Oke A.[㊂]将创新流程分为以下五个步骤：

（1）创造力　这一步骤主要是检查内、外部环境。

（2）选择　这一步骤主要是用战略的眼光初步评估和决策如何让企业更好地发展。

（3）孵化　这一步骤主要是进行实际的产品开发并生产原型产品。

（4）实施　这一步骤主要是将潜在的思想转换成新的事物，同时在外部和内部市场进行运作。

（5）学习　这一步骤主要是从进步中学习并建立知识基础，同时改善流程管理的方法。

创新流程的具体环节也不是一成不变的，也没有统一的模式可循，它需要根据企业的实际情况进行具体的设计。在创新流程设计的过程中，需要考虑到以下因素：

（1）创新的类型　它是渐进式还是激进式的。

（2）组织类型　它是集中型、分散型还是功能型的。

（3）创新的目标　每一个公司的创新目标都不相同，有的是为了增强公司的竞争力，有的是为了提高公司的技术水平，有的是为了激励员工学习，还有的是为了能够给后续的项目传递正确的解决方案。

（4）所处的行业　不同的行业对创新流程的要求明显不同，如医药、电子、汽车、食品行业等，都不可能是同一种创新流程。

（5）组织架构　组织架构对创新的实施起到支撑和保障作用，不同的创新模式对组织架构的要求不同。比如激进式创新和渐进式创新对组织架构的要求肯定是不一样的。

㊀Eugenio Pellicer, Christian Luis Correa, Víctor Yepes, Luis Fernando Alarcón. Organizational Improvement Through Standardization of the Innovation Process in Construction Firms. Engineering Management Journal, June 1, 2012, Vol. 24 (2): 40－53.

㊁Kezsbom Deborah S. Beyond "survival": Strategies for creating Innovative Teams. AACE International Transactions, 2001: 41－44.

㊂Oke A.. Innovation Types and Innovation Management Practices in Service Companies. International Journal of Operations and Production Management, 2007, Vol. 27 (6): 564－587.

（6）可利用的资源　可利用资源的多少直接影响创新的效率、流程和成果。

（7）创新氛围　公司的氛围是支持创新还是不重视创新，创新是个人的或单个部门的事情还是企业上下共同的责任。

当然，还有一些需要考虑的因素，如质量管理、社会责任等。

值得一提的是，管理者的决策对于创新流程也有重要的影响。管理者的决策可以分为两个方面：①战略层面；②操作层面。战略层面的决策要在创新流程之前作出。比如，是在内部还是在外部实施创新流程，是否选择一个专门类型的外部组织作为合作伙伴，是否涉及同一个企业的内部合作伙伴，如 R&D、市场或制造部门。在操作层面，管理者的决策对创新流程的形成有直接影响，如创新活动是否可以平行实施，创新流程的灵活性有多大等。情景因素和管理者决策之间有着密切的联系，它们之间相互影响。比如，激进式创新可能需要非常灵活的创新流程，而这种灵活性的程度取决于组织的类型，在以平等和保守主义为特征的文化氛围中，很难冒险实施激进式创新，一个接纳了“跟随者战略”的组织也不太可能进行激进式创新。

1.1.5　竞争和创新

依据竞争优势的特征和竞争的模式，从国家经济层面来说，竞争力经历了三个连续的阶段。第一阶段：要素驱动阶段，其特征是工资低，竞争优势是以劳动力和自然资源的可获得性为基础。第二阶段：投资驱动阶段，其竞争优势是以标准化的产品和服务的生产效率为基础。第三阶段：创新驱动阶段，也就是目前发达国家所处的阶段，其竞争优势依赖于生产和使用创新产品和服务的能力。

竞争能够刺激创新，能够激励新的或更好的产品和更有效的流程的发明。同时竞争还能够提升企业识别客户未满足的需求。

竞争能够增加产品的需求弹性，因此，创新型企业能够从增加的产品和服务的销售中获利，这样，反过来又能使企业吸引到更多的投资和以较低的成本去融资。作为创新型企业，通常拥有的市场份额越大，盈利能力就越强，而且在经济不景气的时候，恢复能力也越强。

在集中度低的高科技产业，为了抓住或保持市场份额，企业积极参加创新以开发出差异化的产品或服务，这样会导致激烈的竞争，最终使一些公司破产。相比较而言，集中度高的、由大公司所掌控的高科技产业，通过创新形成的技术领导力会给公司带来更强的竞争优势，同时也使他们从投资创新中获益更多（产业集中度也叫市场集中度，是指市场上的某种行业内少数企业的生产量、销售量、资产总额等方面对某一行业的支配程度，一般是用这几家企业的某一指标占该行业总量的百分比来表示）。一个企业的市场集中度如何，表明它在市场上的地位高低和对市场支配能力的强弱，是企业形象的重要标志。

Levesque Justin[㊀]等人认为，控制成本和产品质量只能保持一定的竞争优势，而只有产品和服务创新才是保持竞争优势的根本。创新包含一系列的步骤，正是这些步骤将新的产品和服务从概念带向市场。不同企业创新的动因和关注程度对比如图 1-2 所示。

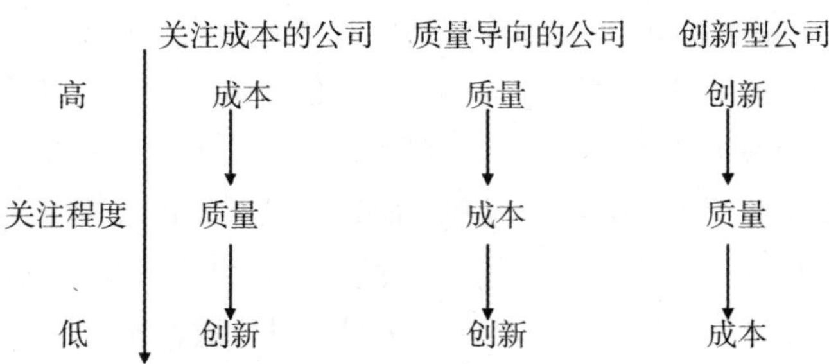

图 1-2　不同企业创新的动因和关注程度对比

从图 1-2 中可以看出，关注成本的公司和质量导向的公司对创新的关注程度较低，创新是被动的，不是动因，而是结果。而创新型公司是将创新作为企业发展的原动力，毋庸置疑，只有这样的公司才能够长远的得到发展。

1.1.6　创新与创造、发明之间的区别

1. 创新与创造的区别

通常情况下，人们都习惯于将创新和创造混同使用。诚然，创新和创造有很多相同的地方，在某些情况下，甚至是可以相互替代的，也不需要作严格的区分，但从严格意义上说，创新和创造并不是一回事。

创造是产生思想的过程，这些思想对于实际应用来说，可能有价值，也可能没有价值。创新是应用思想的过程，而这些思想是从创造性过程中获取的，之所以被应用，是因为他们对于解决现有的问题或阻止潜在问题的发生

㊀Levesque Justin, Walker H. Fred. The Innovation Process and Quality Tools. Quality Process, July 2007, Vol. 40 (7): 18-22.

有重要的价值。

2. 创新与发明的区别

创新的拉丁词源是“novus”，发明的拉丁词源是“venire”。创新是与新事物相关联的，venire 是一个动词，所以暗含着运动、寻找和发现事物的意思。创新流程关注的是人、人们在想什么、重视什么、人们的行为方式等，而发明关注的是技术和工艺方面。创新基本上是一个社会事实，而发明则是一个技术事实。

发明是指设计新机器、新技巧的行为或过程。有的也把发明定义为采用新技术的人工产品（比如一个机器或者新的物质构成），这个人工产品基于新的工作原理或者基于过去已知但没有成功实现的工作原理。

发明意味着尚未投入商业运用的一种概念、模型、理论或理念。发明只有通过创新才能实现商业用途，从这个意义上说，创新是手段、是方法、是过程。也就是说，一个新事物产生以后，在没有实现商业用途之前，不能称之为发明，而只能叫作创造，世界上有很多发明由于各种各样的原因还没有实现经济上的使用价值。因此，创新依赖于发明，但发明需要加以商业活动才能对社会、对组织的发展有贡献，所以，创新 = 发明 + 商业化。

1.2 创新的类别和模式

1.2.1 创新的类别

创新可以分成不同的类别，经济发展与合作组织（OECD）将创新分为四种类型：产品创新、流程创新、营销创新、组织创新。关于创新还有很多分类方法，这里主要介绍以下三种创新方法。

1. 科技创新

科技创新是指科学技术活动中的创新，包括科学创新和技术创新。

（1）科技创新活动　根据联合国教科文组织（UNESCO）《关于科技统计国际标准化的议案》的原则，将科学创新活动定义为：与各科学技术领域（即自然科学、工程和技术、医学、农业科学、社会科学及人文科学）中科技知识的产生、发展、传播和应用密切相关的系统的活动。这些活动包括研究与发展（R&D）、科技教育与培训（STET）及科技服务（STS）。我国在 UNESCO 对科学创新活动的定义的基础上，结合我国国情界定我国科技活动包括研究与发展、研究与发展成果应用及与 R&D 活动相关的技术推广与科技服务活动。

1）研究与发展（R&D）是指为增加知识的总量（其中包括增加人类、文化和社会方面的知识），以及运用这些知识去创造新的应用而进行的系统的、创造性的工作。其基本特征是：①具有创造性；②具有新颖性；③运用科学方法；④产生新的知识或创造新的应用。其中创造性和新颖性是研究与发展的决定因素，产生新的知识或创造新的应用是创造性的具体体现，运用科学方法则是所有科学技术活动的基本特点。

按活动类型，可以把研究与发展活动分为：基础研究、应用研究、试验发展。基础研究和应用研究统称为科学研究。

基础研究是指为获得关于现象和可观察事实的基本原理及新知识而进行的实验性和理论性工作，它不以任何专门或特定的应用或使用为目的。

应用研究是指为获得新知识而进行的创造性的研究，它主要是针对某一特定的实际目的或目标。一般可以这样说，所谓应用研究，就是将理论发展成为实际运用的形式。

试验发展是指利用从基础研究、应用研究和实际经验所获得的现有知识，为产生新的产品、材料和装置，建立新的工艺、系统和服务，以及对已产生和建立的上述各项作实质性的改进而进行的系统性工作。

2）研究与发展成果应用活动是指为使试验发展阶段产生的新产品、材料和装置，建立的新工艺、系统和服务以及作实质性改进后的上述各项能够投入生产或在实际中运用，解决所存在的技术问题而进行的系统的活动。它不具有创新成分。

3）技术推广与科技服务是指与研究与发展活动相关并有助于科学技术知识的产生、传播和应用的活动。它不具有创新成分。

综上所述，科技创新集中在科技活动中的研究与发展部分。

（2）科学创新和技术创新　科学创新是指研究与发展中的基础研究创新和应用研究创新。科学创新以获得新知识为根本目的，其创新成果可能会对人类生活产生革命性的重大影响。科学创新可以发现新的规律，也可以改变或提高人们对自然规律的认识。技术创新是指研究与发展中的试验发展阶段的创新，与科学创新不同的是，科技创新是一个科技与经济活动密切联系和互相作用的过程，它强调利用已有的规律改造世界，以市场为导向，促进科技成果的商业化和产业化。

科学创新与技术创新组成了科技创新的全部内容，二者是相辅相成，互为促进的。科技创新为技术创新奠定了理论基础和依据，或者为技术创新提供理论上的指导和前提；技术创新则是科学创新成果在实践中的应用，也是对科学创新成果的佐证，同时技术创新也为科学创新提供了更高水平的工具或手段，支撑着科学创新的不断深化和提升。

2. 内部创新、外部创新和合作创新

从创新所在的领域来讲，创新可以分为内部创新和外部创新，但随着研究的不断深入，又对其进行了扩展，也就是第三种创新模式：合作创新——与其他伙伴的合作。合作创新可以认为是内部创新和外部创新的混合体，不仅是企业自身创新的需要，也是全球经济形势变化所带来的必然结果。合作创新可以获得企业所需要的能力，如研究、设计、制造和销售服务等，同时也能从创新活动中获取更大的利益。在实际中，可能这三种活动都同时存在，或者有两种同时存在，单一的创新活动并不多见。

内部创新活动一般是传统的创新活动，主要是基于企业内部创新能力运用上的创新，知识的产生是完全内在化的。外部创新活动是指通过许可、研发外包、企业收购或者雇用具有相关知识的研究人员等方式获得知识。单独开展内部创新的企业，会投入大量的时间和资源来寻求创新机遇，以便能够提升他们使用和组合知识的能力，同时开发新的、难以模仿的能力，从这个角度上说，内部创新在获得和保持长期竞争优势、提高创新活动的回报等方面是较为有利的，而且与创新绩效存在着正相关的关系。

内部创新、外部创新和合作创新这三者之间既存在着互补关系，也存在着替代关系，这因地区和企业的差异而有所不同。但有两点需要注意：一是内部创新与外部创新或者内部创新和合作创新的组合运用，对于提升创新绩效是明显的，因为这种组合可以使企业能够更好地评价潜在合作伙伴的质量，通过各种途径获得更多的资源，提高项目合作的成功率。二是如果企业不开展内部创新，只是开展外部创新和合作创新，那么这种组合对创新绩效是有负面影响的，也就是说内部创新是创新活动的基础。

3. 组织创新

组织创新是组织应用的一种机制，通过这种机制生产出更新的产品、技术和系统，以适应竞争环境、技术进步和市场扩展的变化，它是创新的一种形式，对于提高组织的竞争力至关重要。组织创新关注的是组织结构形式、组织的适应性和能力、组织的氛围、参与管理和创新激励等。组织创新可以分为管理创新和技术创新。

（1）管理创新　管理创新是指发生在管理范畴并影响组织社会系统的活

动，它包含着组织内部直接与管理相关的基本活动。组织社会系统包括与组织成员之间、环境与组织成员之间的沟通和交流相关的规则、角色、程序和结构等，管理创新并不能提供新的产品和服务，但都直接影响着产品和服务的引入或生产产品的过程。

（2）技术创新　技术创新是指发生在运营范畴并影响组织技术系统的活动。技术创新可能是符合新产品和新服务需要的新思想的采纳，也可能是在组织生产流程或服务运营中新元素的引入。

技术创新又可以分为产品创新和流程创新。产品创新是指产品的开发，是运用从研究和实际经验中获得的现有知识去指导新材料、新产品和新设备的生产，它是一个系统的工作流程。流程创新是指运用新的设备或通过操作流程的再设计，开发一个新的或者本质上有改进的生产流程。对于产品创新来说，由于是市场导向，所有容易被模仿；而对于流程创新来说，更多的是发生在内部，所以竞争者更难模仿。

在实际的创新活动中，管理创新和技术创新往往是相随相伴的。比如说，当一台机器安装完毕后，就必须对员工进行培训以便能够操作。同样的，当银行或保险公司提供新的服务时，新的管理机制就应该建立，以便评估和控制它的绩效。

1.2.2　创新的模式

创新的模式是指创新的具体路径、方法、程度、特征、能力、影响等，不同的组织需要不同方式的创新模式，不同模式的创新也会给组织带来不同的影响和结果。

1. Roger Miller㊀等人提出了创新的七种模式

（1）专利驱动　其特点是雇用最好的科学家和工程师、开发更高级的产品等，这种模式更适合传统的创新。

（2）系统整合　其特点是与重要的客户互动以努力解决最棘手的问题，提升对新产品的期望值，目标是提供要求高的、大型的、组合紧密的设备和工具。

（3）和谐的平台　其特点是大胆承诺并保证促使新平台的出现，及时向第三方开发者公开平台，促进公开的标准和联盟，该模式主要存在于互联网、

㊀Roger Miller，Xavier Olleros. To Manage Innovation，Learn the Architecture. Industrial Research Institute，Inc，May－June 2008：17－27.

通信和个人计算机领域。

（4）基于成本的竞争　其特点是持续追求过程效率，开发新的应用与潜在的替代者进行竞争。

（5）系统咨询和管理　其特点是由客户选择有经验的顾问一起来探讨大胆的、新的解决方案，在客户和专门的咨询、管理公司之间建立管理流程，为应对重要的变革而发展项目管理能力。

（6）定制的大规模生产　它主要包括设计、风格以及品牌的组合。

（7）创新支持　它主要包括发展专门的技术，通过项目汇集知识和专门技术，寻求解决问题的方法。

2. Dr. S. V. Kulkarni 提出的创新模式

Dr. S. V. Kulkarni㊀认为创新包括渐进式创新、标准创新和激进式创新。渐进式创新是指通过提升和改变产品已有的属性来实现创新，标准创新是指附加于产品过去并不存在的特性，激进式创新是指创造出过去并不存在的一些重要的新属性，本质上是创造出一个新的产品。同时他还提出了反向创新和分散式的概念。

反向创新：从传统上讲，跨国公司都是在自己的国内市场进行创新，然后向发展中国家销售他们的产品。而反向创新就是从相反的方向来实施，就是在新兴市场进行创新，然后将产品销售到发达国家。

分散式创新：随着现代技术的飞速发展，IT 技术在创新活动中的作用越来越重要。创新的本质实际上就是分散的活动。分散式创新团队实际上就是创新技术的专门技术中心，在公司外部寻求发展，为内部的创新动力提供专家等。它包括三个方面的要素：企业平台、外部服务和互联网。

3. 创新模式的历史演进

根据许庆瑞等人㊁的研究，创新管理的基本范式的演进历经了个体/单个创新管理、组合/集成创新管理和系统创新管理三代，这三代的演进是创新管理研究从简单到复杂、从线性到非线性、从独立到系统的演进过程。

关于创新的模式，还有六代之说，创新模式的历史演进如表 1-2 所示。

㊀Dr. S. V. Kulkarni. InnovationManagement – Challenges and Opportunities in the Next Decade. Asia Pacific Journal of Management & Entrepreneurship Research，Vol. 2（1）：225 – 235.

㊁许庆瑞，梁欣如，郑刚．企业创新管理基本范式的发展与全面创新管理（TIM）的必然性——基于创新退化视角．［J］中国地质大学学报（社会科学版），VOL. 4（5）：14 – 18.

表 1-2　创新模式的历史演进

历史演进	主要模式	时间
第一代	技术推进模式	20 世纪 60 年代中期
第二代	市场拉动模式	20 世纪 70 年代
第三代	耦合模式（将技术推进模式与市场拉动模式相结合）	20 世纪 70 年代末
第四代	平行线性模式（跨职能整合、在公司和外部合作者中平行发展）	20 世纪 80 年代
第五代	类似与第一代模式的创新流程结构，将信息技术网络进行整合	20 世纪 90 年代
第六代	开放式创新模式	20 世纪 90 年代至今

资料来源：Dittrich K.（2008）. Nokia's strategic change by means of alliance networks. A case of adopting the open innovation paradigm?

4. 几种比较典型的创新模式

在实际中，创新模式并不是单一的，它可能是一种或多种模式的组合，作为管理者，应该清楚不同的创新模式需要不同的战略和实践。下面介绍几种比较典型的创新模式。

（1）开放式创新（Open Innovation）　开放式创新的概念起始于 2003 年，从目前来看，当前最主要的模式就是开放式创新。开放式创新的关键之处就在于企业向一切自由流动的思想敞开大门，允许技术的资本化，寻求外部公司的互补性资产、专门技术等，以快速获取新的、不同的技术，提升所有市场参与者的竞争力。

之所以有很多企业选择开放式创新模式，主要由以下四个相互联系的因素所决定：①熟练的劳动力逐渐增长的流动性和可获得性；②风险资本市场的发展给企业家提供了必需的资本来参与竞争；③对于过去搁置的发明又有了新的选择；④外部供应商的能力越来越强，同时由于创新成本越来越高，风险越来越大，客户对产品周期的需求也越来越短，这种变化给企业带来了巨大的挑战，在这种情形下，靠某一单个企业或企业的单一部门开展创新，显然力不从心，特别是利用自己单独拥有的资源来开展世界范围的创新几乎不太可能。为了从创新中获得最大的利润，企业不得不超越边界把触角伸向外部。

传统的观点认为，创新来源于某一个人充满新思想的智慧大脑，现在已经证明这是不正确的，创新是一个系统工程，也是一个系统的结果。开放式创新最基本的原则是将不同的思想价值最大化，包括公司内部的和公司外部的。合作是开放式创新的核心和基础，合作就是企业与其他组织在共同的创新项目中积极参与，2002—2004 年，10% 的欧洲公司都有一个创新合作伙伴。

开放式创新主要关注交互式过程，在这个过程当中，知识和技术能够比较容易地超越企业边界流动，它的优势表现在：①减少企业研发的固定成本，建立获得研发经费的新渠道；②来自于研发、技术和产品的风险能够被合作伙伴或竞争对手分担；③在跨越组织和技术边界寻求新技术的时候，创新绩效得到了提升；④竞争者合作对于增强渐进式创新和提高创新产品的销售是有帮助的。

当然，企业在选择开放式创新战略时，也存在着一些障碍和顾虑：①由于不确定性，使得技术风险对于买方和卖方来说都是未知的；②企业会认为一个过度开放的商业模式可能会削弱企业的竞争地位，而且通过销售和转移有关的知识会增强竞争者的地位。

开放式创新可以分为由外而内和由内而外两种模式。由外而内的开放式创新主要是寻找和吸纳企业外部的思想和技术，强调外部资源的重要性；由内而外的开放式创新主要是用不同方式来处理如何使创新商业化和进入市场，强调创新思想进入市场的快速性。

很多企业都认识到开放式创新的重要性。宝洁公司长期对它的研发活动高度保护和严格保密，但在 1999 年开放了它的实验室，因为它已经认识到虽然公司拥有 8600 名掌握现代的、先进知识的科学家，但这个数字与全球其他地方相比，只是很小的一部分，为什么不利用他们的潜力呢？还有 IBM 公司，IBM 公司的 alphaWorks 是专门为 IBM 研发人员、IBM 的生产群组和公司外部软件开发者之间提供新技术和新思想交流的一个网站，每天都吸引了成百上千名特定的访问者。IBM 研发人员把 alpha 代码放在该网站上，访问者可以下载，同时与其他的开发者合作修复错误、交流技巧、开发新的应用等，然后将有关信息通过电子邮件、电子公告栏和在线调查表等形式反馈给 IBM 公司。

（2）激进式创新（Radical Innovation）和渐进式创新（Incremental Innovation）　根据创新所带来的变化程度，创新可以分为激进式创新和渐进式创新。激进式创新也称突破性创新，是根本性的变化，代表着技术上的革命性变革，对市场和企业有重大的影响。渐进式创新建立在企业现有的基础上，只是微小的改进或简单的调整，一般不需要大的投入。相比于渐进式创新，激进式创新更有价值，特别是对于那些在市场中经过竞争成为领导者的公司来说，激进式创新在增强企业竞争力方面扮演着非常重要的角色，但激进式创新比渐进式创新风险更大，而且更复杂。两者在创新新颖性程度方面也是不同的。

过去的很多研究表明，大多数大企业并不是激进的创新者，他们最擅长的可能是对现有的产品和技术的改良，而不是将突破性的思想商业化。1998年，美国有25000种新的消费性包装商品上市，其中大部分商品由大企业提供，但超过93%的商品被认为是没有多大的创新。

大企业之所以对激进式创新非常慎重，主要可能有以下几个方面的因素：

1）市场。大企业一般都占有市场的较大份额，一旦创新失败，就可能失去全部或部分市场，而占有的市场份额越大，失去的市场可能就越多。

2）资金。激进式创新一般都具有根本性，需要投入大量的资金，有时还需要贷款，一旦创新失败，投入的资金血本无归，甚至债台高筑。

3）潜在的风险。大企业的领导者无法了解激进式创新所带来的变革和好处，而且也很难快速地组织足够的资源。

4）组织机构和文化。企业越大，层级越多，也就容易滋生官僚主义和腐败。激进式创新需要对产品生产、销售渠道和客户关系等进行根本性变革，这会威胁现有的企业架构和内部已有的文化，颠覆过去的传统，只要对现状满意，没有多少人愿意主动接受和容忍这种创新。

5）人才。对于一般的大企业来说，不会把吸引和留住激进式的创新人才作为人才战略的主要目标，相反，人才的社会技能比拥有激进式的竞争能力可能更加符合大企业的要求，如团队合作能力等。

大多数小企业可能是激进式创新的源泉，这是由于小企业的本质特性所决定的。相对于大企业，小企业更加灵活、较少的官僚主义，而且对不可预知的创新商业化有更多的反应。有研究表明，小公司每名员工创新的数量是大公司的2.4倍。哈佛大学和波士顿大学曾经对美国20个产业进行了研究，从1965年到1992年，由风险资本所支持的小公司所产生的专利数量是传统大公司同样研发经费所产生专利数量的6倍。

但企业规模的大小并不是衡量企业是否采用激进式创新和渐进式创新的根本标准，大企业采用激进式创新比较谨慎，但这并不意味着小企业就一定和必须采用激进式方式，还是要根据企业的实际情况和创新战略来决定。

还有一些企业根据战略需要，同时采用激进式创新和渐进式创新。比如世界上最大的石油公司之一的壳牌公司，涉及石油的上、下游业务，包括新的石油和天然气的勘探开发、精炼石油等。该公司在传统的油气行业采取渐进式创新方式，而同时在新的能源市场更加注重激进式创新，之所以采用双重的方法，主要是公司根据创新的需要而确定的。渐进式创新增强了公司现有价值链的竞争地位，与合作伙伴共同实施激进式创新是为了产生可能的新的价值链。

1.3 案例

1.3.1 史蒂夫·乔布斯的创新八原则

史蒂夫·乔布斯（1955－2011），美国著名发明家、企业家，美国苹果公司联合创办人、前行政总裁。史蒂夫·乔布斯陪伴了苹果公司数十年的起落与复兴，先后领导和推出了麦金塔计算机（Macintosh）、iMac、iPod、iPhone、iPad 等风靡全球的电子产品，深刻地改变了现代通信、娱乐乃至生活的方式。他提出了很多创新性的思想，其中以下八条原则可以作为指导创新的基本标准：

（1）做你喜欢做的事情，创新从来不会在缺乏热情的时候发生。热情占据了思想和灵魂，为恒心和毅力提供燃料。

（2）活着，就是为了改变世界。用不同的方式去思考你的愿景，同时吸引志同道合的人来为你的组织创造奇迹。

（3）启动你的大脑并将其延伸至极限——这就是创造。在通向成功的道路上，用老的思维方式思考老问题是不会对组织有所帮助的。

（4）销售你的梦想而不是产品，通过提供产品、服务和经验帮助人们实现梦想。

（5）知道你所要的并且知道如何才能实现。不了解终极目标，是不能够跑马拉松的。

（6）要创造极佳的体验。

（7）要掌握信息，换句话说，就是要成为公司里讲故事的人。如果你不能让人们对你的想法感到兴奋，那么它也就无所谓了。

（8）把你自己和组织当成一个品牌，看看员工的行为是如何对品牌反应的。

1.3.2 资生堂的成功

日本资生堂公司打算进入香薰产品市场，虽然知道自己需要什么，但不知如何寻找，所以公司在巴黎买了两家独一无二的精品店，用来试验并获取顾客需求的第一手资料，同时还雇用了法国当地的市场经理，在法国香水的聚集地日安（Gien）镇建立了工厂。

法国香水世界闻名，执行业之牛耳，同时该行业的人才也是世界其他国家无所比拟的。日本是一个东方文化很浓厚的国家，对于香薰产品的使用，传统上就非常限制。在这之前，资生堂就尝试过进入日本当地市场，但失败了。但公司另辟蹊径，直接进入法国香水市场，最终获得了成功。资生堂公司之所以能够取得成功，主要是从两种方法上去创新：

（1）直接到行业最发达的市场去　很多企业在尝试进入一个新的产品市场时，即使认为自己已经准备得很充足了，但也许并没有找到真谛和准确的方向，往往最终都归于失败。他们通常会选择竞争小、同类产品少的市场，看似进入门槛低，但却发现人们接受新产品并没有想象的那么容易。那还不如像资生堂一样，直接进入香水行业最发达的法国，获得该行业第一手最新的信息，使公司快速成长起来。

（2）充分利用当地资源　资生堂创新企业发展战略，在法国既购买了精品店，又雇佣了当地的市场经理，还建了工厂，这些都让资生堂能够快速进入香水市场，降低成本，少走了不少弯路。

1.3.3　6个创新失败的案例

1. 福特公司的Edsel汽车

该车型于1957年推出，甚至被认为是“汽车的泰坦尼克号”，但仅仅存在了三年的时间。其失败的原因很多，可能其中任何一个原因都不会致命，但所有因素综合起来，就使得该车型很快夭折了，这些原因包括：美国汽车管理当局的政策限制、汽车的名字并没有引起大众的共鸣、在经济不景气的时候进入市场、让人难以理解的价格战略等。

2. 索尼公司的Betamax

Betamax是一种年份较早的0.5英寸磁带的格式，1975年由索尼公司研制，对于当时的视频录制业务来说，是一个真正的突破，但最后在1984年，40家公司联合起来支持VHS格式，而同时支持Betamax的只有12家，索尼公司最终在1988年承认失败并开始生产VHS录像机。Betamax的失败已经成为一种经典的市场销售案例。有一个口语化的用语叫“to Betamax”就表示这种情形：一种具有独占性的科技，在对手格式允许多家厂商合作的情况下遭遇压倒性的失败。

3. 高露洁的厨房主菜

大家知道高露洁是专门生产个人护理用品的，但它在1982年时，想推出速冻食品生产线。他们认为，顾客吃完高露洁的晚餐之后，接着就用高露洁牙膏刷牙，想法很好，但很快这个产品就终结了。

4. 可口可乐的 New Coke

New Coke 是可口可乐公司于 1985 年推出的一种可乐新品种。当时的公司 CEO 在发布时说，这是可口可乐有史以来做得最有把握的一件事。但事实是，New Coke 迅速被消费者抵制，最后可口可乐不得不重新推出原来的可口可乐并完全摒弃 New Coke。

5. Premier 牌无烟香烟

1988 年的时候，二手香烟被认为对公众健康有严重危险，于是生产“骆驼”“云斯顿”等著名品牌香烟的雷诺兹烟草公司花了 3.25 亿美元来生产 Premier 牌无烟香烟，但顾客却抱怨说，抽 Premier 牌无烟香烟时的味道非常难闻，甚至有的还说，吸进 Premier 需要有吸尘器力量般的肺，点燃它需要喷灯。在经历了 4 个月的缓慢销售之后，该产品退出了市场。

6. 微软公司的 Zune 播放器

Zune 是微软公司提供的高级视频和音乐服务，是供 Windows Phone 和 PC 使用的一款免费应用软件，能管理和播放数字音乐和视频，由微软在 2006 年 11 月 14 日于美国推出。由于 Zune 的表现难以与微软竞争对手的同类产品相比，2011 年 10 月 10 日，微软公司官方宣布，将停止 Zune HD 的业务，包括硬件和服务都将会结束，微软不会再生产 Zune 设备。这款曾经被微软号称“杀手级”的产品，最终结束了五年的长跑。

第2章 创新管理

创新就像其他商业活动一样，是可以计划、组织、引导和控制的，优秀的管理者能够引导和控制创新的方向。从这个意义上讲，创新不能是随意的，它必须是可控的，必须使创新符合组织的战略需求，因此需要对创新进行管理。同时，创新，特别是那些开拓创新，可能会带来巨大的风险和失败。比如，一个创新产品就可能会被目标客户所拒绝，同样的，组织的创新也可能被员工所抵制，从而引起内部的冲突，从这个角度说，创新也必须进行管理。

创新管理是对一个组织完整创新体系的有意识的设计，很多大企业都把创新管理作为企业框架的一部分。

2.1 创新管理的模式

2.1.1 创新管理的定义

Tidd J. [㊀]等人认为，创新管理是一个多功能和跨学科的过程，需要进行市场整合、组织构造和技术变革。

Andrew[㊁]提出了创新管理的四个中心问题：①将思想发展成为商业价值；②管理注意力；③对部分与整体的关注；④制度性的领导力。

Oke A. [㊂]将创新管理分为：创造力和思想的管理，选择和组合的管理，创

㊀Tidd J. Innovation Management in Context: Environment, Organization and Performance. International Journal of Management Reviews, 2001, Vol. 3 (3): 169 - 183.

㊁Andrew Hvan De Ven. Central Problems in the Management of Innovation. Management Science (1986 - 1998), May 1986, Vol. 32 (5): 590 - 608.

㊂Oke A. Innovation types and innovation management practices in service companies. International Journal of Operations and Production Management, 2007, Vol. 27 (6): 564 - 587.

新实施过程的管理。

在实践过程中，创新管理也受到多种因素的影响，Marisa Smith[⊖]等人提出了九种影响创新管理的因素：

（1）技术　它是指促进创新和创新行为的相关技术的运用。

（2）创新流程　它是指创新的产生、发展和使用。

（3）公司战略　它是指企业的发展方向和创新战略以及他们是如何影响创新管理的。

（4）组织结构　它是指组织各部分的组成方式以及对创新管理的影响。

（5）组织文化　它是指组织的价值和信仰。

（6）员工　它是指组织中非管理类的员工以及他们如何对创新管理所产生的影响。

（7）资源　它是指组织所拥有的人力、财务和物理资源。

（8）知识管理　它是指为了管理好创新而对知识进行管理和运用。

（9）管理风格和领导力　它是指组织管理中负有责任的员工。

当然，这九种因素也不是相互独立的，而是相互影响的，其中组织文化是影响创新管理的关键因素，它既影响着其他因素，也受其他因素的影响。

创新战略和组织结构对创新管理实践也有着重要影响。比如说，创新战略就决定了组织是模仿者、跟随者还是领导者，同时也就决定了创新对企业的重要程度。功能型或事业部型的组织结构决定了创新实践的组织方式，在事业部型结构的组织中，创新流程可能在部门中被分割，而更加集中的组织可能就会选择功能型的结构。

创新管理的目的在于：

1）提升和促进所有创新实践的投资回报率，无论这些创新实践发生在一个企业的任何地方。

2）扩张能够引致新产品和新业务的资源。

3）缩短新产品和业务的开发和实施周期。

4）加速新技术的整合。

5）营造合适的有利于创新的环境。

6）识别和处理创新过程中的障碍。

⊖Marisa Smith，Marco Busi，Peter Ball，Robert Van Der Meer. Factors Influencing an Organisation's Ability to Manage Innovation：A Structured Literature Review and Conceptual Model. International Journal of Innovation Management，Dec 2008，Vol. 12（4）：655 - 676.

总的来说，对创新进行管理就是要确保对竞争者和市场的变化、价值、生活方式和机遇的快速反应。

2.1.2 团队角度的观点

创新管理模式可以用来描述一个企业所选择出来的对创新负有全部或部分责任的管理团队。因为对创新进行管理，所以需要授权或委托一定的人员来承担责任。

1. 第一种模式：高层管理团队

在这种模式中，高层管理团队履行所有的创新职责，这是最广泛的一种模式。当创新需要跨功能的和多种行为的活动时，来自高层管理者的推动也就是顺理成章的。比如，康宁公司（Corning）、雀巢矿泉水公司（Nestlé Waters）、乐高公司（Lego）、斯凯孚（SKF）和IBM等公司都采用这种模式。

2. 第二种模式：CEO或者部门总裁（特别在多元化经营的公司）

在这种模式中，CEO是创新的最终领导者。比如，以前在苹果公司，没有人质疑公司的创新是在史蒂夫·乔布斯的领导之下，甲骨文（Oracle）、思科（Cisco）、亚马逊（Amazon）、谷歌（Google）、脸谱（Facebook）等公司选择了这种模式。但除了由个人创建的这些公司之外，在更传统的大公司里，很少有人直接掌管所有的创新职责，这种模式更多的存在于中小型的以技术为基础的或是家族式企业当中。

3. 第三种模式：高层、跨功能的创新指导小组

这种模式通常会从公司的各部门中选择出几个经理组成创新团队，也叫“创新委员会”或“创新指导小组”。与第一种模式不同的是，不是所有指导小组的成员都是高层管理成员。指导小组成员的组成非常重要，要避免委派那些对创新持怀疑态度的人员加入，实际上，很多大公司都特别注意让那些年轻的、有创新精神的经理加入。飞利浦（Philips）、美国礼来公司（Eli - Lilly）、罗氏公司（Roche）、赛诺菲巴斯德公司（Sanofi - Pasteur）、荷兰皇家壳牌石油公司（Royal Dutch Shell）等公司采用这种模式。

4. 第四种模式：首席技术官（CTO）或研究总监（CRO）

首席技术官更多地出现在工程公司，而研究总监通常是在技术类公司里。不管是什么头衔，通常CTO或CRO一般被认为是以技术为基础的产品的推进者。这种模式通常被一些具有强大技术和工程传统的国家或部门所采用，比如日本、德国、瑞典、瑞士等，在这些国家，CTO或CRO也被叫作研发和技术高级副总裁、工程高级副总裁或总工程师等。

5. 第五种模式：专门的创新经理或首席创新官

专门的创新经理一般从积极性高的中高层管理人员中选择，说营销或研发经理，他们通常向高层管理团队中的一名成员汇报，而日常工作则是由该经理自行负责。尽管任务有相似之处，但创新经理和首席创新官还是有区别的，首席创新官一般向 CEO 汇报，并且有部门的支持；创新经理很少监管哪一个部门，通常只是有几名助手；创新经理的重点是处理创新流程，而首席创新官对创新的流程和内容都要负责。

6. 第六种模式：一群创新拥护者

很多企业都把创新的职责全权委托给一群经过选择的创新拥护者。创新拥护者是指那些自我激励的中高层经理，这些人并不一定是创新的发起者，但却是组织中其他人的有潜力思想的促进者，并通过个人的主动性来确保这些想法的实施。他们自封为创新项目的热心人，在做好自己本职工作的同时，愿意付出额外的时间和努力来实施创新项目。很多公司，特别是美国公司，如 FMC technologies、美国西斯科基飞机公司（Sikorsky Aircraft）、贺曼贺卡公司（Hallmark Cards）、美国银行（Bank of America）和雅培药厂（Abbott Laboratories）等都采用这种模式。

7. 第七种模式：无人负责的模式

这种模式应该是比较奇怪和独特的，但现实中确实存在，之所以存在这种情况，主要有三方面的原因：①创新已经成为公司不可缺少的一个部分，每一个人都感到自己有责任支持和实施创新；②公司的治理模式是暂时的，高级管理人员的角色也经常发生变化，所以公司的领导者感到没有人为创新负责；③有的公司认为，既然创新如此重要，就不需要再为它安排专门的职责。

8. 第八种模式：互补的双人团队

在一些以技术为基础的公司，互补的双人团队包括首席技术官、业务部门的经理、其他职能经理或者其他高管人员共同分担创新责任。这种模式的存在主要是因为创新是跨功能的活动，不可能由一个部门独立完成。

2.1.3 全面管理的观点

每一种创新管理模式都有其优点和不足，不可能涵盖创新所有的因素，创新管理模式也变得越来越复杂、越来越集成，远超越技术范畴，因此一些新的创新管理模式的观点就被提出来了，全面创新管理（Total Innovation Management，TIM）就是其中之一。

全面创新管理的主要特征是：

（1）创造性的、探索性的分析和辨别客户需求。

（2）持续的、不间断的创新。

（3）以创新来替代改进的取向。

（4）创造力增强。

（5）工作的基础是知识或者创新。

（6）持续的、创造性的再设计和变革。

（7）所有员工作为创新者都积极参与。

（8）创造性的战略和预测以及创新的战略管理。

（9）依靠网络。

（10）创造性的组织结构和文化。

（11）创造性的解决问题以及系统的创新方法。

刘景江㊀认为，创新管理理论的核心就是把创新看成一个系统过程和社会过程，包括全要素创新、全员创新和全时空创新。全要素创新主要指包括技术（产品、工艺及其组合）与非技术（战略、文化、组织、制度等）在内的各创新要素的协同创新；全员创新就是企业所用员工主动贡献自己的智慧和能力，发挥主动性和积极性，共同参与创新，形成良好的创新氛围；全时空创新是指在充分利用时间和空间的属性和差异基础上，通过创新提升企业的效益，包括全时创新（每周 7 天，每天 24 小时都在创新）、全地域创新（所有地域、所有部门的创新）。

2.2 创新管理的内容

管理者要成为创新的催化剂，他的角色就是要营造最适宜的环境，使新的思想不断产生和丰富。很多 CEO 把创新的效果与研发经费预算等同起来，认为研发经费越多，创新的效果就越好，事实上它们之间并没有直接的联系。2012 年，苹果、谷歌、3M 连续三年入选“十大最具创新力”的公司，并位居排行榜前三名，但苹果、谷歌、3M 在全球 1000 家企业创新研究支出排名上分别位于第 53 名、26 名和 86 名。

㊀刘景江．发展有效的全面创新管理：理论框架与案例分析．［J］自然辩证法通讯，28（162）：60－64.

管理者要对创新战略和一系列的决策实行强有力的领导，不要等待创新去找他们，而是主动地追赶和抓住创新；要将创新与企业基本的业务思路融合在一起，而不要让创新成为只是精英的事情；将创新的数量和类型与企业的业务目标进行匹配，否则创新的努力将会浪费有价值的资源；在管理资源上要保持正确的平衡；对创新要有正确的度量标准和奖励。总的来说，创新管理的全部内容包括：营造支持创新的组织氛围，建立一个创新的组织和利用好个人创新。

2.2.1 管理者的职责

没有领导能力就没有创新，创新与领导力是密切相关的，创新必须要有管理者的引导才能实现预期目标。因此要管理好创新，管理者首先必须明确自己所担负的责任。

1. 团队氛围

管理者应该为创新营造积极的创新氛围，包括有深度的辩论、开放性、灵活性、挑战和积极的关系，这些都与创新绩效有关；同时，还要管理好冲突，以保持在一定的水平上激发创新。

2. 解决问题

由于创新性的工作具有新颖性和复杂性，所以问题也是大量的，管理者可以通过自身的经验和专业知识帮助员工更好地克服这些问题。

3. 团队构成

管理者要对团队成员的安排负责任，要仔细地选择团队成员，这样有助于提高新观点和新信息表达的机会。

4. 激励

管理者应该经常性地激励员工，使他们能够充分地释放出他们的创造力。

5. 资源

创新需要很多的资源，而这些资源只能由领导者来调动和分配，因此领导者应该管理好这些资源以更好地促进创新。

6. 奖励

奖励机制是鼓励特殊行为的一种方式。奖励对创造力的激发有重要作用，因为个人会感到自己的行为得到了支持。当然激励也不总是金钱，也包括认可和积极的反馈，在有些情况下，非金钱因素比金钱更有效。

7. 平衡

在一些企业中有强烈的自下而上的创新传统，他们依靠员工的积极性并给予他们提出新思想和新概念必要的自由，而这些就有可能产生商业机遇。在这些企业中，管理的角色就是促进和支持创新者，保护他们的积极性。但仅仅靠自下而上的创新是不够的，特别是创新需要大量的资金或者创新活动非常复杂时，这个时候就需要自上而下的创新，高层管理者最主要的就是要在自上而下的创新和自下而上的创新之间实现平衡。

2.2.2 创新管理的重点

创新管理所涉及的重点内容有：

1. 创新的策略

企业管理者要了解创新活动是什么、为什么要开展创新活动以及什么时候开展，要在保持与组织任务和创新目标一致的基础上，对创新政策进行开发、审视和更新。

2. 组合管理

企业管理者要系统、全面地平衡技术、产品和项目等，同时要选择出一个最佳组合来满足组织创新的需要。选择和管理一个组合是动态的，因为创新项目在推进过程中也是不断变化和发展的，这就需要一个灵活、开放的创新环境。

3. 项目管理

项目管理包括客户当前的需求和对创新项目的期望；为当前和未来的市场开发新的产品和服务；和先导用户一起开展创新活动以及在项目的不同阶段确认可供选择的机遇。

4. 领导力和组织文化

领导者必须在组织内部以明确的方式促进创新和企业文化，同时也必须有一个创新的愿景。

5. 人力资源

吸引、招募、激励和开发员工个人是创新管理的支柱，从战略上管理人力资源可以使人员的管理更加符合创新的需要，能够寻找到更加合适的人来支持创新。

6. 外部关系

培育创新意味着不仅在企业内部而且也要在企业外部建立网络、交换思想、分享知识，外部资源和外部知识在创新的过程中越来越重要。

7. 组织设计

创新的实施需要对组织进行重新设计，以便使组织的结构能够更好地支持创新的需要。

8. 创新流程

创新流程是指通过明晰流程，使团队有效开展工作，减少创新的瓶颈、优化产品上市时间、建立解决问题的机制等。

9. 绩效衡量

创新管理需要适当的衡量体系，以便让管理者了解创新管理活动对企业绩效的影响。

10. 营销

没有营销，新的产品或服务就不会吸引到客户，所以开发有效的销售渠道是最基本的，特别是研发和营销之间的合作与整合程度对创新项目的成功实现有着深远的影响。

11. 资源

资源是有限的，对于创新来说，资源的管理意味着可以获得合适的资源（包括时间和资本），确保人们有资源和空间来寻求创新机遇。

12. 知识和知识产权管理

知识对于创新的贡献必须受到保护和有效管理，知识管理涉及知识的识别、转化、共享和开发。

13. 技术

技术是创新成功的重要驱动者，创新中的技术管理包括搜寻技术发展趋势和新出现的技术、识别和评估可替代的技术、开发现有的技术等。

通过分析总结，创新管理的内容及具体方法如表 2-1 所示。

表 2-1 创新管理的内容及具体方法

创新管理的内容	具体的方法
搜寻	文献计量、技术观察、趋势研究、德尔菲法、专业的网络搜索引擎、构想和情节分析、专利和品牌以及版权的分析
创意的产生	头脑风暴、创意集合、建议箱、横向思维、启发
创意的选择	专家会议、客户会议、供应商会议、创新项目组合、价值分析、波士顿矩阵、质量屋
项目创新规划	甘特图、并行工程、工作分解结构、关键路径法、商业规划、工作流
产品（服务）创新	原型设计、CAD、运行仿真系统、认证
流程创新	因果分析、头脑风暴、价值分析、运行研究、功能检测、帕累托图、流程重组

创新管理的内容	具体的方法
市场创新	重点人群、分割研究、市场趋势研究、品牌定位研究、质量屋、概念测试、头脑风暴、定量研究、深度访谈

Hüseyin Özgen[㊀]等人以大型制造类企业为研究对象，对创新管理的相关内容进行了研究，结果发现，按照最大的比例来说，在创新类型的选择上，有55%的公司选择了渐进式创新；有79.8%的公司选择“提升公司的竞争优势”作为创新目标；有72.1%的公司以“研究开发”作为创新思想的来源；在创新领域方面，有64.3%的公司选择了产品创新；有62.8%的公司认为，营造创新文化最重要的就是要“开发公司的价值”，有71.3%的公司认为，“缺乏足够的资源”是创新中的最大障碍；有74.4%的公司认为，创新成功的最主要因素是“强有力的领导”，如表2-2所示。

表2-2　大型制造类企业在创新类型的选择分析

内　容	创新类型	创新目标	创新思想的来源	创新相关的领域	创新文化	创新中的最大障碍	创新成功的最主要因素
主要指标	渐进式	提升公司竞争优势	研究开发	产品创新	开发公司的价值	缺乏足够的资源	强有力的领导
最大比例	55%	79.8%	72.1%	64.3%	62.8%	71.3%	74.4%

在创新管理的实施过程中，也因企业的不同而其内容、重点也不同，比如说日本公司和韩国公司在创新管理上就有所差异，如表2-3所示。

表2-3　日本公司与韩国公司在创新管理上的差异

创新管理领域	日本公司	韩国公司
策略行为	（1）研发的高投入 （2）风险规避的战略定位	（1）研发的高投入 （2）风险承担的战略定位
技术搜寻	（1）内部研发的高优先权 （2）对非正式技术搜寻方法的高度重视 （3）通过研发以开展国际间技术搜寻的程度较低	（1）内部研发的高优先权 （2）强烈依赖于来自海外的技术资源 （3）通过研发以开展国际间技术搜寻的程度适中

㊀Hüseyin Özgen, Ferit Ölçer. An Evaluative Study of Innovation Management Practices in Turkish Firms. International Journal of Business Research, 2007, Vol. VII (2): 53－63.

续表

创新管理领域	日本公司	韩国公司
研发管理实务	（1）并行项目管理 （2）跨功能整合 （3）对外部供应商早期就进行整合	（1）并行项目管理 （2）跨功能整合 （3）对设计的早期整合
人力资源管理实务	（1）组织上的长期雇用 （2）按资排辈的报酬和晋升 （3）向以绩效为基础的激励和报酬转变较慢	（1）组织上的长期雇用 （2）由于亚洲金融危机而使得雇用更加灵活 （3）向以绩效为基础的激励和报酬转变较快

资料来源：Martin Hemmert. Innovation Management of Japanese and Korean Firms：A Comparative Analysis. Asia Pacific Business Review，July 2008，Vol. 14（3）：293～314.

2.3 创新的评估

对创新进行评估是创新管理中必不可少的步骤。但评估往往令创新者紧张，因为评估的结果也许并不是所希望看到的，这种紧张可能会促使创新者跳过评估的步骤，如果评估的结论无关大碍，避免评估阶段还可能不会产生什么不利的后果，但如果对于新产品或新流程来说，跳过评估阶段往往是致命的。

2.3.1 管理者对于创新的思考

作为负责任的管理者，需要对创新进行全方位的、系统的、理性的思考，特别是要找出症结所在，这是解决一切创新问题的基础。对创新的思考要贯穿创新的全过程。

1. 文化方面

（1）不能确定是否能够创新和提出创新性思想。

（2）如何才能改变现有的习惯。

（3）新思想几乎没有，因为人们不敢用创新性的思维方式去思考问题。

（4）大多数人懒惰，只是复制其他人的工作。

（5）企业里人们缺乏好奇心。

(6) 如何才能获得能够意识到需要创新的人才。

(7) 人们不相信创新能够真实的发生。

(8) 缺乏唤起变革的能力以及改变原有行事方式的心态。

(9) 不具备产生新思想的思维方式。

(10) 过去的创新失败了而且花费了大量资金，这阻碍了创新的积极性。

(11) 企业没有愿景。

2. 不确定性

(1) 新的思想太有野心，以至于不敢想象是否具有可行性。

(2) 对未来的设想很困难。

(3) 害怕失败。

(4) 企业里不理解新思想的人会攻击和嘲笑它的新颖性。

(5) 最重要的事情是对新产品或服务的积极影响进行论证。

3. 支持

(1) 开始创新时，最困难的部分是有创新思想的支持。

(2) 如何才能与他人分享自己的创新思想。

(3) 如何获得来自企业高层的创新支持。

(4) 如何与合适的人交流思想。

(5) 如何才能说服内部的利益相关者能够从创新中获利。

(6) 消极是公司中最大的绊脚石。

(7) 如何与大多数利益相关者达成一致的解决方案。

4. 市场洞察力

(1) 通常客户并不知道他们自己需要什么。

(2) 努力寻求产品或服务的购买者。

(3) 如何发现客户的需求。

5. 流程和工具

(1) 创新流程并没有组织好。

(2) 主意太多，无法选择。

(3) 没有坚持最初的想法，而是经常变换。

(4) 如何选择好的思想。

(5) 如何过滤提出的想法。

(6) 每一个人都在谈论创新，但很少有人知道如何让它开始发生。

(7) 很难将用户研究的成果转化为技术开发的步骤。

6. 团队

(1) 如何指导新产品开发团队，以便使团队的想法与企业的战略保持一致。

（2）没有合适的团队人选。

（3）没有人才所需要的资源。

（4）迄今为止，还没有内部团队能够超越企业过去的成功。

2.3.2　创新的风险评估

风险通常是指事件发生的频率和概率以及特殊的、危险事件的后果之间的组合。风险是创新的主要特征之一，因为任何创新都有风险，有研究表明，新产品的失败率高达 90%，每 3000 个新产品的创新思想中，只有一个成功商业化。

创新的风险评估应该是系统的和广泛的，其过程也是一个选择、比较和决策的过程。比如，对创新思想的评估就是如何激发创新思想、如何比较创新思想、如何选择创新思想的过程，所以创新风险评估的主要目的是为了通过对创新流程的分析，决定是否进行下一步的投入、提供反馈、明确潜在的误差、为进一步的开发或商业化提出战略建议等，最终是为了避免创新风险、完善创新流程。创新所面临的风险如表 2-4 所示。

表 2-4　创新所面临的风险

序号	内部风险	外部风险
1	开发新项目时间过长	过度地感知到经济上的风险
2	没有足够的客户洞察力	面对不确定的需求去创新产品和服务
3	缺乏领导和管理的支持	已有企业占据市场主导地位
4	缺乏良好的内部合作	导致过高的直接创新成本
5	创新思想的选择	缺乏信息
6	绩效衡量	不断变化的财务成本
7	项目的规划	由于不太成功的品牌名称对于创新成果的影响
8	风险规避的文化	特殊环境
9	个人	面临较大的竞争压力
10	营销	引发的商标或版权问题

风险有很多种，任何影响项目绩效的因素都可能是风险的来源。在实际中，我们不仅要考虑到风险本身，更重要的是要考虑它们之间的相互影响。

在风险评估过程中，可以采用多种操作方法，比如：

（1）成本效益分析法　它是指研究在采取某种措施的情况下需要付出多

大的代价，以及可以取得多大的效果。

（2）权衡分析法　它是指将各项风险所致后果进行量化比较，从而了解各项风险的存在与发生可能造成的影响。

（3）风险效益分析法　它是指研究在采取某种措施的情况下，取得一定的效果需要承担多大的风险。

（4）统计型评价法　它是指对已知发生的概率及其损益值的各种风险进行成本及效果比较分析并加以评价的方法。

（5）综合分析法　它是指利用统计分析的方法，将风险的构成要素划分为若干具体的项目，由专家对各项目进行调查统计评出分值，然后根据分值及权数计算出各要素的实际评分值与最大可能值之比，作为风险程度评价的依据。

还有很多方法，包括基于知识的分析方法、基于模型的分析方法、定性分析和定量分析，无论何种方法，它们共同的目标都是找出组织面临的风险及其影响，评估它们发生的概率和影响，并将它们进行排序，筛选出主要的和次要的风险。Keizer J. A. ㊀等人提出在创新项目中，诊断和控制风险的方法（the Risk Diagnosing Methodology，RDM）包括五个步骤：①最初的简要分析；②启动会议、个人访谈、处理访谈结果（设计风险调查问卷）；③填写风险调查问卷、建立风险的轮廓；④准备风险管理会议、召开风险管理会议；⑤拟订和执行风险计划。

2.3.3　创新能力的评估

创新能力是衡量企业是否能够有效开展创新活动的知识、技能和素质的综合。创新能力与创新战略是紧密相连的。什么样的创新能力就决定了什么样的创新战略，即使再宏伟的创新战略而没有创新能力做支撑，那么它也只能是空中楼阁。适当的创新战略也能够促进创新能力的提升，通过创新战略的实施，调动了创新者的积极性和主动性，刺激了创新资源的高效利用，创新环境进一步优化，组织结构进一步完善，企业的总体创新能力得到了提升，这样反过来又能进一步促进企业创新的更高水平。

创新能力可以分为三种：技术开发能力、运营能力、管理能力。

1. 技术开发能力

技术开发能力是指有效运用技术知识的能力或熟练程度，也指产生和管

㊀Keizer J. A.，Halman J. I. M.，Song M.. From Experience：Applying the Risk Diagnosing Methodology. Journal of Product Innovation Management，2001，Vol. 19：213－232.

理技术变革的能力。技术开发能力允许企业为了创造新的方法、流程和技能而选择和运用技术。事实上，技术开发能力是企业的学习过程，包括一整套新知识的获取、模仿、适应、完善和开发，通过这个学习过程企业内在化新知识以便能够产生技术变革。

2. 运营能力

不管是什么行业，每个企业都有自己的运营功能，运营能力就是企业运用技术的能力，包括人力资源运营能力和生产资料运营能力。人力资源运营能力通常采用劳动效率指标来分析；生产资料的运营能力实际上就是企业的总资产及其各个组成要素的运营能力，资产运营能力的强弱取决于资产的周转速度、资产运行状况、资产管理水平等多种因素。除了生产商品和服务之外，运营能力还涉及产品战略与企业目标的一致性。运营能力的目标是持续降低成本，提高质量，实现更高的灵活性。

3. 管理能力

技术开发能力是创造出新产品，运营能力是能够大规模地制造这些产品，但是为了让这些能力能够同步运行，需要对它们进行管理整合和协调，这就需要管理能力。管理能力是指集成和组合人力资源和物质资源的能力，它有助于企业实现更高水平的资源利用、信息的顺畅流通和更高效率的产出。同时为了应对不可预见的各种情况，管理能力需要具备各方面的知识和素质。通过管理能力，不仅能够降低不确定的成本，而且能够提升资源合作和使用的效率。管理能力的高低，对保证组织目标的实现和管理效能的提高，起着决定性的作用。管理能力主要包括三个方面：全面而准确地制定效率标准的能力、目前工作水平同效率标准的差距的能力、纠正偏差的能力。

创新能力的大小、强弱受很多因素的影响，包括企业规模、企业资源、企业的价值观等。但有时候也不是绝对的。比如，大企业的创新能力也不一定比中小企业的创新能力强，资源丰富的企业也不一定比资源有限的企业创新能力强。所以说，创新能力是与很多因素综合起来发挥作用的结果。

2.4 案例

2.4.1 印度公司的创新

印度的经济大约是在20世纪90年代初期开放竞争的，经过20多年的发展，印度的公司在国际上逐渐占有一席之地，特别是软件服务业已独占鳌头。但我们总有这么一种感觉，印度的公司普遍比较低调，在创新方面很少为人所知，尽管其软件、药物、汽车部件等产业在全球市场位置显著，但它们要么是 B2B 市场模式，要么就不涉及顾客品牌，此外，印度公司也很少在行业里抛头露面。但不管怎样，印度公司的创新战略却是让人刮目相看的，从中也有很多启迪。

技术创新并不是印度公司的重点，相反地，他们更重视商业模式的创新，技术只是作为商业模式创新的基础。比如在国际市场上，印度公司最早采用全球传递模式，这种模式可以使公司运用全球的软件专家团队提供高质量的软件解决方案；在国内市场，提出了“有支付能力的商业创新模式”的战略，事实证明，这种创新的商业模式是非常成功的，其目标就是用正确的产品和服务来满足市场的需求，重点是识别新的目标客户，为他们提供有利的建议。比如，TaTa 汽车公司只是在 1990 年代早期进入印度汽车市场的，但由于开发了适合印度顾客的资金预算和印度道路状况的 Indica 汽车，使得该公司已经成为目前成交量最大的印度三家汽车公司之一。还有的公司通过与外国公司的合作来弥补差距，加速增强创新能力。比如，印度百康（Biocon）公司通过美国 Nobex 生物制药公司的帮助，获得了口服胰岛素的研发技术，使得印度百康（Biocon）公司通过自己的努力发展了他们自己的第二代口服胰岛素药物。

在实施创新的过程中，印度公司基本上都采用自上而下和员工参与的模式，公司认识到员工的知识是宝贵的财富。比如，印度成长最快的大型软件服务公司高知特（Cognizant）公司，拥有 6000 人队伍的创新传播者和推动者，一方面公司大力支持创新；另一方面训练员工如何满足并超越客户的需求。

2.4.2 美国泰森食品公司

美国泰森食品公司（Tyson Foods）成立于 1935 年，总部位于美国南方中部的阿肯色州，是目前全球最大的鸡肉、牛肉、猪肉供应商及生产商，在 2013 年《财富》世界 500 强排行榜上排第 338 名。

唐纳德·泰森（Donald Tyson）1971 年从他的父亲手中接管家族禽类加工企业的时候，情况还算不错，每年的销售额也达到了 7100 万美元，公司的业务包括从当地的农民手中买进小鸡，饲养 11 个星期后，加工成肉鸡运往阿肯色州以及邻近州的食品商店。但是当唐纳德·泰森想要进一步发展企业的时候，却遇到了难题，不知道如何开始，也不知道从哪里开始。公司随后采取了积极的创新策略，发明了很多产品。唐纳德·泰森于1998年在接受采访时说："一开始我们只是加工生鸡肉，然后我们开始制作鸡堡饼，从而打开了市场的新领域"，还有很多新产品被推向了市场，如酥炸鸡柳、炸鸡块、鸡肉片等，不仅有新鲜的，还有整只煎的，品种繁多，各有特色，特别是现在非常有名的布法罗鸡翅。当时公司的人员去纽约州的布法罗去访问，想要了解一下公司的鸡翅为什么能够在这座城市卖得那么好。公司人员很快发现，在布法罗的运动酒吧里已经创造出了一种新的鸡翅食用方法，配以美味的酱汁，使原来本属下等原料的鸡翅大受欢迎，公司敏锐地抓住了这一点，迅速在全国推广，获得了巨大成功。

流程创新使公司的产品得以标准化，而过去这些食品的口味和质地都不太一致。对于公司而言，最大的突破就是在食品店以外的渠道销售产品。比如，公司发现越来越多的美国人愿意在户外享受美味时，马上意识到这是个难得的商业机遇，于是迅速在快餐店、正式餐厅、飞机、医院等众多户外场所大范围销售它们的鸡翅产品。唐纳德·泰森本人所做的到现在还被人津津乐道的一次营销，是在20世纪80年代早期成功说服麦当劳公司将鸡肉加进它的菜单当中，并起了一个名字叫麦乐鸡块，这一举措使得泰森食品公司在随后的10年里以每年36%的速度持续增长。

第3章

创新人才和创新团队管理

我们的时代是知识经济的时代，知识创新是这个时代的主要特征。而知识创新的关键在于人才，没有发挥主观能动性的人才，一切创新只能是空谈，因为创新人才是创新的起点，是创新的原动力，是创新潜力的能量库。正因如此，几乎所有企业都把创新人才作为企业的核心竞争力，对创新人才和创新团队的管理已经成为创新管理的重要内容。创新人才是中国特有的概念，国外并没有这个专有名词，有的叫 innovator、innovative talents 或者叫 creative talents，所以在创新活动中，创新者也就是我们所说的创新人才。

3.1 创新人才管理

3.1.1 创新人才的特征

创新人才不同于一般的人才，他是人才群体中的佼佼者。正像创新和人才都没有一个统一和明确的定义一样，创新人才目前也并没有一个明确和统一的定义，仁者见仁，智者见智。对于创新人才具备的特征，也因研究对象的不同而得出不同的结论。

Bao Kunjin㊀认为创新人才的内涵包括：①能够创造新的、有用的东西；②在专门领域的一个或几个方面具有创造性；③比一般人具备更多的创新性；④有创新的思维、杰出的能力和突出的绩效；⑤对问题的解决、职业的发展甚至社会的进步有较大贡献。

㊀Bao Kunjin. The Cognitation on Innovation Talent Common Indicator System Based on Connotation Analysis. Studies in Sociology of Science，2012，Vol. 3 (2)：34 –38.

Kershaw Simon[1]认为创新人才有以下特征：无穷的好奇心、风险友好型、热爱新事物、受过良好的教育、风趣、非常没有安全感。

Talsma Julin[2]认为创新人才具有以下主要特征：愿意冒险、乐于尝试、有主见、非常规、标新立异。

有的从专业或行业特征来定义什么是创新人才，Levesque Lynne C[3]认为创新人才有以下几种类型：

（1）冒险家　即兴创造力使他们能够用巧妙而又实际的方法对问题进行试验，他们的灵活性、好奇心和独创性为团队增添了积极的能量，在工作中，他们是危机的解决者。

（2）航海家　适应性创造力使他们关注事实的细节，在别人所做的基础上，增加他们自己的灵活性。

（3）探险家　可能性创造力将他们投入新的选择、机会和发现的世界，他们的热情和持续产生的想法使团队超越现有和期望的结果。

（4）远见者（空想主义者）　更多自省的、综合性创造力使他们经常提出经过深思熟虑的并且大胆的问题，他们对未来提出让人难以置信的观点，作为战略的计划者和未来者，他们敏锐的前瞻性帮助团队发现影响深远的愿景和可能性。

（5）领航员　战略创造力使他们能够提供新的战略和计划，并改善设计和绩效，他们关注目标和目的，能够有效引导团队的创新绩效。

（6）发明家　善于分析的创造力使他们能够建立理论和模型来分析问题并提出自己的理解。

（7）协调者　他们的关系创造力使人们能够关注问题，并对团队创造力的产生起到支持作用，他们的沟通技巧以及对环境的认识促进了变革行为的成功。

（8）诗人　他们文雅的、以价值为驱动的创造力激励人们反思、表达感情以及对美和高雅的欣赏，并为团队提供测试新思想的安全之地。

当然，这八种类型的创新人才都是非常有价值的，也没有哪一种类型的人才高于或者好于其他类型的人才，他们只是分工的不同。

---

[1] Kershaw Simon. Creative Masterclass on Managing Creative Teams. Direct Response, Mar 2004: 16－16.

[2] Talsma Julin. Encourage Creative Process to Spur Innovation. Ophthalmology Times, Jun 15, 2003, Vol. 28 (12): 50－50.

[3] Levesque Lynne C. Creative Talent. Executive Excellence, Sep 2001, Vol. 18 (9): 15－15.

除了具备人才的一般特征外，创新人才还具有以下特征或者明显优于一般人才的特征：

1. 具有强烈的创新意识

创新意识是指根据组织和个体发展的需要，引起或产生创新活动的动机。

强烈的创新意识是创新人才的首要特征，也是创新人才区别于其他类型人才的显著要素。创新活动发端于创新意识，创新意识是创新活动的出发点和内动力。有了创新意识，才能见微知著，才能迸发创新的火花，时时刻刻思索着如何改变自己，改变现状，超越对手，赢得主动。

从哲学角度来讲，创新意识是主观的，创新对象是客观的，创新活动实际上就是主观的创新意识与客观的创新对象的有机结合，缺一不可。从来源上讲，创新意识有先天和后天之分，有的人先天就有创新意识，这属于天才的范畴，但对于绝大多数人来说，创新意识是经过后天逐步地学习、培养和训练而成的，是在不断改造自然、改造组织、改造自我、改造产品的过程中逐渐形成的，它既来源于实践，又通过实践不断提炼和升华，同时又对实践具有指导意义。

2. 对自身的综合素质充满自信

开展创新活动，特别是能够产生一系列的创新成果，都需要扎实的科学文化知识和技能作为基础，否则即使有强烈的创新意识，那面对创新客体也只能束手无策，创新活动也只能成为无水之源、无本之木。这一点对于科技创新人才来说尤为重要。很难想象没有扎实知识基础的人才会有创新成果的产生。在创新活动中，有时候需要充分运用自己的专业知识，但有的时候往往自己的专业知识是不够用的，因为很多创新都跨越了自己所熟悉的知识领域。比如对于管理创新来说，创新者往往更多的是要出思路、想办法、定政策、搭班子，真正运用专业知识并不多，而更多的是需要思维能力、组织能力和协调能力。根据相关的研究，高成功的创新者一般都是在企业工作时间比较长的，他们认为自己的技能和知识要高于一般的水平。

3. 在某一方面具有突出的创新能力

创新能力是运用知识和理论，在科学、艺术、技术和各种实践活动领域中不断提供具有经济价值、社会价值、生态价值的新思想、新理论、新方法和新发明的能力。当今社会的竞争，与其说是人才的竞争，不如说是人的创新能力的竞争。创新能力是创新人才的根本能力。对于任何一个人来说，都不可能掌握全部的知识，也不可能在所有方面都具有创新能力。创新人才应该是术业有专攻，在某一领域、某一专业具有一般人所不具备的突出的创新能力。比尔·盖茨虽然三年级时从哈佛大学退学，但他从13岁时就已经开始编写计算机程序，SAT（美国大学入学考试）标准化测试中得分1590（满分1600）。

4. 能够产生出创新成果

是否能够产生创新成果，是衡量创新人才的根本标志。创新成果是创新人才综合素质和能力的体现，凝结着创新人才的智慧和汗水。没有创新成果，创新人才只是徒有虚名。当然，创新成果不同于一般的产品，它的出炉需要一定的甚至更长的时间。有的可能持续地产生创新成果，有的可能“十年磨一剑”，终身可能只有一项贡献，但这种成果对世界的影响却是划时代的。爱因斯坦一生中没有写过多少论文，但就一篇《狭义相对论》就足以让世人仰目。

3.1.2 管理好内部创新人才的途径

如果创新都能够成为每名员工的本能，每名员工都能成为创新人才，这其中蕴藏的能量将是不可估量的。由于创新人才的竞争持续升温，组织必须重新思考应该如何留住和吸引人才。管理好内部创新人才的途径具体如下：

1. 要给予创新人才发挥作用足够的空间

（1）要在工作时间上灵活掌握　对于创新人才，不能用具体的工作时间表来机械的要求，要让创新人才自己掌握工作时间，根据任务的要求合理安排工作进度。但工作时间上的灵活并不等于放任不管，管理者要科学制定目标管理制度，这在营造创新文化的初期非常重要。比如，谷歌公司就希望员工将20%的时间用于个人事务，因为既然创新已经成为员工生活的一部分，那么员工就需要非正式的工作时间和地点来从事他们的创新。麻省理工学院的研究表明，80%的关于产品和服务的创新突破都不是发生在培训阶段和正式的会议当中。虽然时间压力较低并不总能保证有高质量的创造性思维，但在大多数情况下，时间压力较低所产生创造性思维的可能性是比较高的。

（2）要给予人、财、物等方面的大力支持　创新具有一定的风险，在创新成功之前，一切都是不可预测的。但既然已经明确了创新战略，企业的管理者就应该坚决地给予支持，在人、财、物等方面予以充足的保证，即使可能创新失败了，也要有敢于投入的气魄和胆识。

（3）要授权　总的来说，管理者要为员工提供有质量的工作生活，满足他们的福利、技能开发和职业路径的需要，但其中比较关键的是授权。授权可以让人感受到一定程度的自治，在从事他们自己工作的时候感到较少的限制，因此能够促进人们的创新意识。有研究表明，授权与创新行为是正相关的。

2. 要加强对创新人才的培养和使用

加强培养能够扩大员工的知识面，使员工能够产生新的思想或对事物有新的认识和理解，这无疑是能够刺激创新的。要想使创新人才持续地发挥创新能力，创造出更多的经济价值和社会价值，企业管理者就必须加强对创新人才的培养和使用。在现实中，往往存在着两方面的倾向：一是重培养、轻使用。企业投入了大量的人力、物力和财力对人才进行培养，但因为种种原因，企业却没有把人才放在合适的岗位上使用或者没有真正发挥出创新人才应有的能力，“好钢没有用在刀刃上”，这无疑既加大了企业的成本，同时又浪费了人才。二是重使用、轻培养。现实中，很多企业出于这样或那样的考虑，担心企业投入过多的成本对人才培养，却没有把握留住人才，到头来“竹篮打水一场空”，因此干脆以“用”字为先，轻视甚至忽视对人才的培养，人才的知识和能力也不断透支而得不到补充，对企业的归属感也越来越低，而这样的企业也不会走得很远。这两方面的倾向，都应该得到纠正。加强对创新人才的培养和使用，主要应从以下几个方面来进行：

（1）设立专门的培训学校　创新者不是天生的，而是需要塑造，企业需要为创新者提供创新的环境，营造创新的氛围。不管是国家设立的公立学校，还是企业自建的学校，通过学校的系统培训，都可以提升创新人才的理论水平、开阔视野、激发灵感。在这一点上，NCR 公司的创始人帕特森（Patterson）可以说是先驱者。NCR 公司在创新、领导力和学习方面具有悠久的历史。1884 年，帕特森创建了 NCR 公司，这是第一个用机械方式来进行现金寄存的制造商。帕特森是美国商业历史上主要的创新者之一，同时也是一个销售天才，他知道伟大的销售人员不是天生的而是制造出来的。1894 年，他建立了最早的销售培训学校之一。事实上，在 1910—1930 年，估计有 1/6 的美国商业经理是前 NCR 的经理，其中最著名的包括 IBM 的创立者托马斯·沃森(Thomas Watson)。

美国通用电气公司（GE）1956 年设立的克劳顿管理学院，是通用电气公司高级管理人员培训中心，每年接受培训的通用高级经理人员都达 5000 ~ 6000 人，被誉为“美国企业界的哈佛”。世界领先的集成电路芯片代工企业之一、中国内地规模最大和技术最先进的集成电路芯片制造商——中芯国际集成电路制造有限公司，与国内的北京大学、清华大学、上海交通大学等数十所高校建立了合作关系，鼓励员工以进校不离岗的方式获得更高学位，对符合资格的员工还给予学费补助。

（2）组成内部合作学习小组　《礼记·学记》中有一句名言：“独学而无友，则孤陋而寡闻”，意思是说学习如果缺乏交流，则会导致思路狭隘，见识短浅。合作学习（Cooperative Learning）早在18世纪初就被提及，但正式研究始于20世纪50年代的美国，其兴起以前苏联20世纪80年代推出的“合作教育学”理论为标志，并被广泛地重视、研究和推广。成立企业内部合作学习小组是快速提升技术技能水平、实现共同提高的有效方式。合作学习小组可以同专业设立，也可以跨专业设立，可以相同的兴趣设立，也可以共同的工作目标设立，定期开展学习，相互讲授、相互讨论、共同提高。在具体的运作方法上，主要有：

1）问题引导式。首先由一名成员提出问题，然后围绕该问题小组其他成员进行讨论，拿出解决问题的具体办法，最后由小组长或这方面的专业人员进行总结。

2）案例研究式。围绕某一个具体的案例，大家都发表自己的见解，最后集中讨论、梳理，从案例中寻找出同一事物的规律，得到最多的启迪，同时举一反三。

3）组间交流式。根据每个小组的学习成果，定期开展组间交流，相互学习、相互启发，更大范围地传播知识、技术、方法和理念，以达到共同提高的效果。

（3）采用师傅带徒弟的方式　师傅带徒弟的培训方式自古有之，历经几千年而不衰，即使是在当今现代化的企业中，仍被广泛采用，足见这种培养人才的方式是非常有效的。师傅带徒弟的培训方式至少有以下几种优势：①由于一般徒弟人数少，时间和精力上有保障，师傅能够手把手地亲自传授技术技能；②培养成本相对较低，企业不需要投入太多资源；③从中国的传统观念上讲，徒弟是绝对服从师傅的，这样有助于企业通过对师傅的管理来加强对徒弟的管理，这在一定程度上减轻了企业的管理成本。

在实践中，我们也要注意师傅带徒弟的培训方式可能会带来的不利因素：①有些师傅担心徒弟会超过自己，可能会压制徒弟的创新或者并没有将自己的经验全部地教授徒弟，总要留一个看家本领；②一旦师傅对企业不满或者离开企业，这种情绪和行为会对徒弟产生较大的影响；③如果师傅自身的创新能力较差或者技术技能水平不高或者在性格、思维方式等方面与徒弟有较大差异，这在一定程度上也会影响徒弟的长远发展。

尽管可能存在着一些不利因素，但师傅带徒弟的培训方式仍然受到青睐。

3. 跨国公司创新人才的管理

随着全球经济一体化发展，公司的国际参与度越来越高，公司的员工也越来越全球化。有研究表明，85% 的高级管理者表示他们超过一半的工作是和全球团队一起进行的。根据经济学人智库对全球 485 名高级主管的调查，有 87% 的高级主管认为创新对于他们所在的公司的未来是重要的或非常重要的。全球经济一体化的一个最大优势就是知识的多元化，这种知识的多元化能够使管理者将全球最顶尖或最适合的人才聚集在一起，发挥各自专业特长，提升创新绩效。在创新的流程中，知识越是多元化，知识的流动就越频繁，团队成员的知识领域就可以得到扩展。

（1）人才本土化　越来越多的跨国公司在海外投资建厂，一方面是利用当地的丰富资源和廉价劳动力；另一方面是吸引当地人才，降低人力成本。特别是跨国公司生产在本地市场消费的产品，人才的本土化可以使公司的战略更加符合当地的实际，使产品更加符合当地消费者的需求。比如摩托罗拉天津生产基地成立 18 年后，98% 的管理者为本土员工。这些管理精英，不仅在国内移动通信业中大显身手，而且在摩托罗拉全球业务中承担重任，扮演着重要角色。

（2）明确优先发展战略　跨国公司在不同的国家和地区投资，都有其明确的战略意图，这是跨国公司全球布局的需要。比如是优先考虑产品生产所需要的原材料市场，还是优先考虑劳动力的成本，是优先考虑产品运输的便利和降低成本，还是优先考虑扩展新兴市场。只有确定好企业优先发展战略，接下来才能分析和掌握当地的人才状况和知识水平。当然也有些公司就是以人才战略为优先的，如建立研发中心等，就是为了提升技术水平、为新产品做储备而聚集某一领域的优秀人才。

（3）知识整合　创新的全球化，需要知识的全球流动。国家或地区之间的发展环境、发展水平、教育程度、文化传统等的差异，直接影响一个国家或地区在某一领域的知识水平。比如，印度的软件人才、新加坡的芯片研发人才、英国的创意人才、德国的技能人才等，都是世界公认的人才品牌。考虑到不同类型人才的优势，将这些优势组合起来，可以不断推陈出新。惠普公司曾经把它的计算器制造工艺流程转移到新加坡，而当地的工程师就改变了计算器的设计，而且诞生了一种新的产品。

4. 建立有效的激励机制以激发创造力

创造力是创造性和建设性思想的产品。一般认为，创造力是属于个人的能力范畴，而创新是基于组织层面的，创新需要个人创造力的释放来实现组织的目标。一个好的主意、好的发明如果没有认识到它潜在的价值，往往会错失良机。例如，德州仪器公司在小型收音机方面是领先的，但它并没有认识到它的未来，最终放弃了，因此有了新技术并不代表一定会获利，只有在技术、市场营销、产品计划等方面共同发挥创造力，才有可能真正实现创新。

（1）创造力的作用

1）创造力通常都能产生杰出的创新产品，一些创新型的公司都认识到这一点非常重要，都尽量把高水平的创造力运用到新产品的开发计划中去。

2）在项目团队中，创造力可以帮助领导者克服潜在的阻碍，并能找到解决问题的合适的方法。比如说，管理者的幽默感对于解决人际关系问题非常关键，而这些人际关系问题在团队里是不可避免的。幽默感与创造力高度相关，它是人的一种能力，能在不同的和不相干的因素之间形成多种多样的和意想不到的联系。

3）创造力可以帮助管理者与员工更好的沟通。比如说，创造性的管理者有高度开发的直觉，这也是他们通常能够提出非常棒的解决问题方案的原因，正如有专家所说，领导力的本质就是用98%的时间来进行沟通。

（2）不同企业对创新人才的激励因素

人的潜力是可以不断被挖掘的，但前提是人需要动力，这种动力可以来自内部，也可以来自外部。创新人才本身具有强烈的创新意识，如果通过有效的管理，给予创新人才更多外部的正向激励，创新人才的创造力就可以持续得到激发，创新成果也就会层出不穷，源源不断。人力资源管理理论认为，能力、动机和机会是激励员工获取更高绩效的三个主要方面。对创新人才的激励因素很多，不同的企业可以根据自己的情况进行有目的的选择，但至少要考虑以下三个方面：

1）管理者应对创新人才保持持续、积极的反馈，这比给他们金钱的奖励更重要，有的时候要关注他们所从事的工作，并且认为他们的工作确实与众不同。

2）管理者应进入创新人才的工作领域并帮助他们成功，激励他们并给予他们所创造价值以有形的奖励，合适的物质环境也能够产生能量，其实有时候很简单，比如一顿免费的午餐等。这样反过来也会促进他们更好地工作，同时能吸引到最好的人才。

3）管理者要有意识地设计工作场所帮助创新人才更加有效地进行沟通。大家都知道，情商（EQ）比智商（IQ）和经验更重要，为创新人才设计专门的工作场所，也就是营造正确的工作氛围，提升员工的EQ，使创新活动能够在一个和谐、稳定的环境中进行。英国剑桥附近的 Generics Group 公司，鼓励人们相互之间进行交流，尽可能减少人们之间的物理界线，公司里没有人有自己的办公室。如果员工参与创新理念的开发且相关技术被授予了专利，那么公司就从该技术中获取的净利润中拿出 20% 奖励发明者。

对于项目和新技术，与低成功的创新者相比，高成功的创新者感受到更多的组织关心和支持。也就是说，组织越是关心和支持，创新人才的成功率就高。为了促使创新人才能够持续地创新，对创新人才的奖励就是必需的，奖励的方式有很多种，如薪酬、头衔、奖金、承认和提高自主权等。对创新人才的激励并不是要让创新者都成为百万富翁，事实上这在许多公司是做不到的，虽然为了留住创新人才，公司已经想了很多办法，包括年薪制、期权等，但更重要的还是要让大家都要看到这种激励同时能够体会到这种激励的重要性。

3.1.3 外部创新人才的引进

在很多情况下，管理者都要将眼光投向外部的创新人才，因为外部创新人才是对企业现有创新人才队伍的有益补充。

1. 雇用和非雇用

对于外部创新人才，有的企业是直接挖过来，签订合同，成为本公司的一员，有的企业可能是采用合作的方式，而不是直接雇用。采取何种方式，这完全取决于企业完成任务和长远发展的需要，同时也要考虑到企业的成本、人才战略等因素。如果企业经过认真分析和慎重考虑，认为外部创新人才是企业长期所需的，那就不如直接采用雇用的方式；如果只是为了完成某一时期的任务，或只是临时需要某一专业领域的创新人才，那么就可以考虑合作的方式，即使支付了一定的成本，但从长远来看，也比直接雇用要划算。

2. 个人和团队

是雇用个人还是团队，这也是管理者需要考虑的问题。现代的创新活动基本上不可能靠一个人独立完成，创新人才也往往都是在团队中工作的，这个时候，管理者要考虑的问题是：把一个新的项目完全交给一个外部的创新团队，还是引进外部创新人才到本公司的团队。

对于第一个问题，企业管理者要关注外部创新的风险，尽管与外部合作伙伴有协议约定，但毕竟只能起到监督的作用，对创新的流程、进度、效果等企业很难实时掌握，同时也非常容易引发知识产权等方面的纠纷，但它的好处是企业省去了直接雇用的成本和内部管理的职责。

对于第二个问题，企业管理者要关注团队合作，因此选好外部创新人才的关键，是要尽量缩短与团队其他成员的磨合期，尽快适应企业文化和团队氛围，它的好处是能将创新流程直接置于企业的掌握当中。

3. 引进的途径

引进外部创新人才的途径很多，如电话、邮箱、杂志、猎头等方式都可以。在科学技术迅猛发展的今天，网络是最好的方式之一，企业通过网络可以获得大量的信息，同时也可以进行有效的筛选。目前，比较流行的方式是企业将初筛的任务交给专业的人力资源公司去做，人力资源公司经过一轮或者几轮的初筛后，再将候选人交给企业进行深入的筛选，这样大大提高了效率，减少了直接成本。

4. 对外部创新人才的评估方法

（1）过去的经验　经验对于企业所需要的创新人才来说是非常重要的。进入新的工作领域后，一个有着丰富经验的创新人才能够很快适应新环境，提出更好、更符合实际的解决方案，同时能够把困难降到最低。

（2）分析过去的案例　认真分析过去创新人才所从事过的重要案例，有助于更加全面地了解创新人才在其中所处的角色和所发挥的作用。

（3）个人的沟通技巧　它是指是否能够清晰地表达过去所从事的工作，是否清楚他（她）将面临的任务等。

（4）行为举止　评估人员要仔细观察外部创新人才在面试中的行为举止，看他（她）是否愿意公开讨论过去的活动，是温和的、友好的、相对活跃的还是傲慢的。

（5）背景调查　这主要了解外部创新人才周边的同事、同学、家人等，越全面越好，特别是重要岗位的人才，一要看本人的陈述是否属实，是否诚信，二要从多个角度全面把握人才的特质。

3.1.4　持续创新者和用户创新者

1. 持续创新者

在创新人才队伍中，有一种特殊的人才应值得关注，也就是持续创新者（Serial Innovator）。持续创新者是指在成熟的公司里，那些开发并给市场带来至少两种成功的突破性产品的人才。持续创新者不是公司的 CEO，也不是高级经理，他们是组织里独一无二的人，受到经理和同事的信任。这种人才是不多见的，甚至是非常稀少，据估计，在一个成熟的公司里的技术员工中，这种人才只有1% ~5%的比例。持续创新者的特征是：

（1）拥有不寻常的技能组合，而且技能优秀，具有知识的宽度和深度，这就使他们能够在组织中获得更大的创新。

（2）对解决客户的重要问题强烈关注，寻求有挑战性的、对客户和公司都有益的问题，这有助于他们从商业角度来处理问题。

（3）强烈的好奇心和系统性的思考，强烈的好奇心驱使他们不断寻找谜题的答案，系统性思考帮助他们将不相干的数据和信息整合起来。

（4）在开发新产品时，采用非线性的路径，更多的是采用重叠、重复和反馈的方式。持续创新者会在客户和技术之间来回地、不断地调整他们的注意力。

（5）对非常前端的创新投入大量的时间，识别非常重要的问题并能从多个角度来认识。

（6）通常质疑传统的流程，喜欢自己做市场研究。有的时候，他们会花上一些时间和客户在一起，针对客户的需求进行探讨。

在组织中，可能会有这部分特殊的创新人才，管理者要善于观察并发现他们，如果你的员工当中具有以上全部或几个特征，那请注意，他们可是组织不可多得的人才。

持续创新者是属于内在激励型的，当管理者与他们的关系不顺畅时，他们可能就会分心并且失去动力。比如说，管理者可能对持续创新者的管理要么过于微观，要么就疏远甚至冷漠，最糟糕的是管理者把对持续创新者的管理当成是一种交易，吝啬、不耐心、给他们过多的压力、希望过早地得到结果等，而不注重处理和他们的关系。正因为持续创新者是组织中的特殊人才，所以管理者要充分发挥他们的创新积极性，需要相当独特和个性化的管理方式，充分理解持续创新者的个性化需求，投入更多的个人精力，承担起责任来，营造持续创新者发挥作用的良好氛围。

2. 用户创新者

在创新人才队伍中，还有一类人才也需要特别的关注，他们被称为用户创新者（User Innovators）。乔布斯曾经说过：“许多时候人们并不知道他们自己想要什么，直到你把他所需的呈现在他面前。”当然这种说法并不全对。在现实中，也确实有这么一些用户，他们非常清楚自己需要什么，而且通过他们自己的创新来解决他们自己的问题，这部分人群就叫作用户创新者。用户创新者可以是客户，也可以是企业。用户创新者对于企业的创新思想来说，是重要的潜在来源。一些研究表明，用户自己生产的产品往往会引导潮流，而后广泛地被其他用户所使用。

就用户创新者来说，可以分为独立创新者和社区创新者。独立创新者独自进行创新活动，他们的创新可能是独特的、有吸引力的，但在市场上能否成功却更难预测。社区创新者相互合作，共同分享思想、解决困难和开发产品，同时他们也愿意公开他们的创新成果。当一些用户自己开展创新活动、解决个人问题或者为了满足某一需要时，其他用户就聚集在一起，用特殊的方式关注并参与。比如在20世纪90年代后期，当互联网开始广泛使用时，用户当中的合作伙伴就开始在在线社区里针对特殊的兴趣共同进行开发。

与独立创新者相比，社区创新者对于企业的创新发展来说更有意义，那么如何寻找到这些社区创新者为我所用呢？一般来说，可以有三种途径。

第一种途径，就是寻找现有的、与产品品牌或同一类别产品相关活动的客户社区，可以通过网络、相关产品的杂志、研修班或者俱乐部等。比如耐克（Nike）公司就是采用这种方法。当耐克公司需要从该公司的粉丝中获得产品的反馈时，它使用了Niketalk这个平台。Niketalk是耐克公司粉丝的独立在线社区，粉丝们非常热情，而且愿意免费分享他们有关鞋子的设计理念，其中一名社区的领导成员因持续在社区发表他自己的鞋类设计而被耐克公司雇用作为篮球鞋类的设计者。通过这种方式，耐克公司不仅获得了产品和新产品开发理念无偏见的反馈，同时还得到了一名多产的员工。

第二种途径就是自己建立一个社区，如独家俱乐部或者专注某一产品和品牌的在线平台。星巴克、哈雷摩托车等许多知名品牌都主持着他们自己的社区，当然这种模式并不仅限于知名品牌的企业，小企业也可以这样做，关键的因素就在于确定正确的目标群，并且提供有吸引力的内容，同时对参与者有激励。塔玛拉·莫诺索夫以前是一名商业顾问，曾经在克林顿政府中任过职，她发明过一种装置，防止小孩把厕所里的卷筒纸拆开，弄得满地都是，这种装置虽然不起眼，但却成功地商业化了，她的产品吸引了很多有兴趣的人。但在这个过程中，塔玛拉深刻地感受到发展自己的企业不是件容易的事情，由此，她想到家庭主妇虽然有好的创新理念，但却不知道如何去创办一个企业，于是她专门为发明产品并且向有企业家梦想的家庭主妇建立了一个在线社区：Mominvented. com，吸引了20000名母亲参加了她的群，社区成员相互交流技巧并提供帮助，塔玛拉提供市场信息和市场，帮助发明者促进发明的商业化。目前在美国，由该社区成员开发并由Mominvented品牌提供的产品在超过9000家商店销售。

第三种途径就是与第三方平台和网站合作，这些平台和网络为使用者提供产品开发和思想交流的工具，是企业和用户之间的连接者。雀巢（日本）公司与 Cuusoo. com 合作，征求 Kit Kat（一种巧克力）新产品的开发理念。Kit Kat 在日本的学生当中非常流行，因为这个品牌同日语中的“Kitto – Katsu”发音相似，意思是“一定会赢”，所以在考试之前，学生们都要吃 Kit Kat 以求好运。从 2009 年开始，雀巢（日本）公司通过年度学生创新学院计划，鼓励大学生挑战，为 Kit Kat 开发新的产品理念。参与者将他们的想法在雀巢的 Cuusoo. com 网站上公开，其他的用户给这些理念评级并给予评论，获胜者将与雀巢（日本）公司的市场团队一起工作，将他们提出的产品进行商业化。

3.2 创新团队管理

有一点目前已经形成共识，就是创新不是个人的工作，而是一个团队共同努力的结果。

3.2.1 创新团队的特征

Massey Liz㊀认为，成功的创新团队具有五个共同的特征：①创新团队知道他们为什么存在；②创新团队在信任的文化中得到成长；③创新团队能够被有效领导；④创新团队能够有效地产生和评估思想；⑤创新团队持续寻求更多的东西。

杨晨㊁认为创新团队有三个个性特征：①目标定位的战略性；②领军者地位的核心性；③团队运行的系统性。

总的来说，创新团队的特征可以概括为以下几点：

1. 有一名核心人物

这名核心人物必须是众望所归的、是众星捧月的、是无可替代的，他是创新团队的灵魂，具有强大的中心吸引力。

2. 明确的共同目标

共同的目标把大家聚集在一起，让过去没有共过事甚至不认识的人走到了一起，大家对所要实现的目标非常清晰，而且除了共同的目标之外，没有

㊀Massey Liz. 5 Traits of Successful Creative Teams. Office Solution, Oct 2008, Vol. 25 (4): 38 – 40.

㊁杨晨，顾晓丹. 创新团队内涵探析. [J] 科技管理研究，2008，6：394 – 396.

其他个人的目标。目标的高度一致使大家的才智形成合力。

3. 结构互补

完成复杂的一项任务，需要方方面面各种素质和能力的人才，创新团队的重要优势就是能把不同专长的人才聚集在一起，展示各自的特长，取长补短，将优势最大化，尽量避免短处，充分发挥出创新团队的整体创新力。

4. 团队气氛和谐

一个团队就是一个家庭，气氛和谐才能使大家心情愉快，能够全身心地投入到创新工作中去。在创新团队中，大家畅所欲言，互相帮助，互相支持，既是同事，更是朋友。

3.2.2 管理好创新团队的措施

创新团队通过发展新技术或超前的技术以及改善流程等方面展现出创新绩效，但这并不意味着创新绩效会自动产生，首先是需要高素质或创新潜力的创新者，更重要的是要管理好这些员工，以充分释放他们的创新潜力。

相对于个人来说，创新团队有其自身的优势，比如知识的组合、相互支持和激励、更多的创新理念等，当然也存在着一些冲突和不利的方面：①很多团队成员以前并没有在一起工作过，这样有可能产生小心翼翼和拘谨的工作氛围；②团队成员之间的水平有一定的差异，这样在沟通方面可能会有一些障碍；③团队成员有不同的背景、观念和对事情的不同理解；④一些团队成员可能缺乏战略认识和解决问题的技巧，而这些不足都隐藏在创新过程当中。比如在全球创新团队中，由于文化背景的差异，在实际工作中肯定会产生冲突和碰撞，还有，来自发展中国家的员工对同一团队中来自发达国家员工由于待遇差距而产生的嫉妒问题等。

要解决这些问题，就有必要对创新团队进行管理，具体措施如下：

1. 创新团队的组成

创新团队的组成非常重要，包括规模和人员等，需要考虑到方方面面的因素，有硬的因素，如性别、年龄、学历、资历、职业资格等；也有软的因素，如性格、爱好、文化差异等。对创新团队的管理来说，首先是要知道如何建立创新团队。管理者一般依据团队的任务来确定团队的规模，配置相应的人员。一些短期的、小型的、不是特别复杂的工作任务，一般几个人可能就能够满足需要。而一些长期的、大型的、比较复杂的工作任务，可能就需要更多的人员参加。但不管工作任务是什么，有多复杂，一个创新团队的规模不宜过大，否则一方面人员很难匹配，另一方面加大了管理的成本和难度。

因此如果是比较大型的项目，还需要将计划任务进一步分解，将每一个创新团队都控制在适当的规模。

有的人认为小型企业通常比大型企业更具创新性，所谓“船小好调头”，但事实并非如此，因为创新本身并不取决于企业的大小，而是与创新者的模式有关，创新团队到底需要多大的规模，这完全依赖于项目的需要，当然这必须是适当的，通常创新团队包括6~7名关键人物。

研究表明，团队成员在一起的时间越长，形成派系的可能性就越大，因此大型企业通过调整人员避免派系的形成，但小型企业调整起来可能就有难度。Kratzer Jan㊀等人对11个生产计算机和复印机的荷兰公司进行了研究，并对这11个公司的44个团队中的243名员工进行了问卷调查，被调查的团队规模都是4~10个人。虽然调查的结果可能并不适用于每一个规模的团队，但还是有借鉴意义的。

创新团队的人员数量并不能一概而定，但创新团队是一个有机的组成，每一个人都有他自己的角色。Hellstrom Tomas㊁等人对一家大型瑞典电信公司的一个10人的创新团队进行了研究，这10人的团队中有6种角色，包括1名团队领导，负责整个创新过程并且监督团队其他成员；1名“创新指导”，职责是支持团队领导者，同时负责开发工作的新方法和提出建议；2名“搜索者”，职责是在创新开始的阶段去搜寻和捕获新的理念，在技术、市场、客户需求、商务以及新的工作方法方面具有较高的创新力和好奇心；2名“创新战略家”，职责是分析新的理念和趋势；2名“企业家指导”，职责是发现和支持潜在的创新者或企业家；2名“差距管理者”，职责是专心于管理创新团队工作与商业应用之间的差距，并在这之间搭好桥梁。

根据Boyd Drew㊂的研究，典型团队一般由12~15名具有不同背景的成员组成，当然这要取决于创新团队组建的目的，是为了提高竞争力、提高效能还是为了组织设计。比如说，开发新产品的创新团队通常包括以下成员：3~

㊀Kratzer Jan, Roger Th. A. J. Leenders, Jo M. L. van Engelen. Stimulating the Potential: Creative Performance and Communication in Innovation Teams. Creativity and Innovation Management, Mar 2004, Vol13 (1): 63-71.

㊁Hellstrom Tomas, Jacob Merle, Malmquist Ulf. Guiding Innovation Socially and Cognitively: The Innovation Team Model at Skanova Networks. European Journal of Innovation Management, 2002, Vol. 5 (3): 172-180.

㊂Boyd Drew. A Structured, Facilitated Team Approach to Innovation. Organization Development Journal, Fall 2007, Vol. 25 (3): 119-122.

4 名来自不同地区的市场营销人员；3 名工程师（如设计、机械、制造工程师）；3 名临床医生；1 名工业设计师；1 名现场销售代表；1 名客户呼叫中心代表。

杨晨[㊀]等人认为，创新团队的系统结构包括三个组成部分：①核心层成员，即创新团队领军者，需要具备战略家、科学家和创业家的素质能力；②支撑层成员，即创新团队成员，包括各领域的创新人才；③环境层成员，即创新团队社会网络。

在组建创新团队方面，惠普公司的做法值得借鉴。如果员工以前没有在惠普公司的创新团队中工作过，那么他就要参加模拟练习。惠普公司要求他们通过关注市场、设计和运作方式来变革一个小型企业的组织结构，如送比萨的公司。这样的模拟练习对于训练员工的团队合作、创新能力都是有帮助的，使员工能够关注于解决问题的技巧。一旦这部分员工正式进入创新团队工作，就能够很快适应团队任务的需要。

2. 要处理好企业管理者与团队领导者之间的关系

（1）企业管理者要与团队领导者之间建立良好的沟通　即使是再小的团队，企业管理者也不可能与每一名团队成员作持续的沟通，因此通过与团队领导者的密切、良好的沟通就成为企业管理者了解整个创新团队状况的重要方式。当然，团队领导者首先要客观、公正地评价每一名团队成员，评估创新的进展。

（2）企业管理者要充分授权　在建立创新团队之前，就要明确团队的任务，同时要充分授权给团队领导者。授权要依据任务完成的需要，同时要在企业内部所有部门进行通报，让相关的甚至所有的部门都要支持。但授权并不等于要失去控制或放弃权力，授权要有边界，不能没有限制，以免引起权力滥用或企业其他部门的不满。在授权范围内，企业管理者就不应该干涉，而是要让团队领导者大胆去管理。创新团队与传统的团队在方式上真正的不同在于，创新团队允许扩展并承担责任，同时控制他们自己的运作和目标的完成。

（3）企业管理者与团队领导者要合作、互补　创新团队是任务和结果导向的，团队领导关注的是任务的完成，这一点毋庸置疑。但现实中往往由于过度关注任务的完成，专注于解决技术层面的问题，而忽视了团队领导者的管理职责，反而影响了创新的进程和任务的完成。因此企业管理者应该主动

㊀杨晨，顾晓丹. 创新团队内涵探析. [J] 科技管理研究，2008，6：394 - 396.

与团队领导者一起，发挥合作精神，共同管理好团队，这一点对于团队领导者是技术专家型的来说，尤为重要。

3. 要创造环境让团队成员相互了解并快乐地工作

（1）要经常组织一些活动　比如聚餐、到酒吧小酌几杯，球类比赛、爬山、主题演讲、拓展训练等，通过组织活动，让团队成员之间增进了解，加深感情。

（2）让团队成员家属参与　创新型的工作不仅需要团队成员全力以赴，也需要家属的大力支持。让家属多参与团队的一些活动，使家属了解他们的另一半正在忙些什么，有什么意义，从而使家属更能理解和支持他们的工作。同时家属与家属之间多沟通，建立起友谊，也能在一定程度上减少团队成员的后顾之忧，因为有些问题家属之间就能协商解决。

（3）提倡互相帮助　团队成员虽然都有明确的分工，但很多时候需要成员们的通力合作，团队领导者要鼓励团队成员之间互相帮助，谁有困难就伸出援助之手，毫无保留地、真心诚意地贡献自己的智慧、时间和资源，使团队成员感受到来自团队成员的关心和整个团队的温暖，当然互相帮助不仅仅体现在工作上，也包括家庭、生活、情感等各个方面。

4. 加强团队内部的沟通

从本质上说，创新活动的核心产品是知识，而这种知识只能通过具有各种专门知识背景的专家和创新者之间的互动才能产生，这种互动就是创新活动的黏合剂，也就是沟通。有的学者将这种沟通称之为“神经系统”，使组织和组织的各个单位连贯在一起，允许组织成员相互合作。

（1）沟通的频率　通过沟通，可以产生新的知识和洞察力，同时对创新团队成员及时获取信息也是非常必要的。但在创新团队中，也不是沟通越多越好。研究表明，沟通的频率是一个需要注意的问题，如果沟通频率太高，反而可能产生相互的信息阻塞，限制认知和能力，导致“搭便车”的倾向，降低团队标准，破坏团队环境，进而对创新绩效产生不利影响。在管理实践中，为了能够有高水平的创新绩效，最好把沟通频率控制在一个较低的水平，同时要减少会议和讨论的次数或者不要把所有的相关团队成员集中在一起，以避免高频率的接触，专家建议，团队沟通的频率最好为每个星期 1 ~3 次。

（2）沟通的集中化程度　在任何一个创新团队中，总有一定的人控制着解决问题的过程，这种情况对于控制者和被控制者都有消极的影响。控制者易于加载或传递过多的信息，而被控制者可能并不接受或接受得很迟缓，但团队的任务需要依靠更大范围的信息传递，以跟上创新需要的步伐，所以对每一名团队成员来说，平等地获得足够的信息是非常重要的，如果沟通的集中化程度越高，创新团队的绩效可能会越低。

（3）团队中的子群（Sub - Group） 如果一个创新团队中分为若干个子群，信息的流动就会变得非常不充分，因为子群之间存在着沟通的障碍。子群易于产生属于他们自己的定位，在子群内部，成员之间共享属于本子群的语言、符号、习惯等，他们之间的沟通效率非常高。但与另一个子群的差别可能很大，所以子群之间的沟通就会变得缺乏效率，沟通成本也很高，这种情况被称为“沟通阻抗”，所以说如果子群内部的沟通越多，整个创新团队的绩效会变得越低。在子群能够被察觉到之前，团队领导就应该阻止他们的形成，如有目的地选择团队成员、在工作中调整团队成员、改变团队成员所承担的职责等。

（4）面对面的沟通 在科学技术日益发达的今天，人与人之间的沟通方式也变得快捷、方便，随时随地。现代技术的发展为人们提供了很多沟通交流的方式，如电话、手机、电子邮件、视频会议等，许多公司都认为这些方式能够解决沟通的所有问题，特别是电子邮件和手机，但这些方式都有一个缺陷，就是管理层和员工不是面对面的交流，在沟通的深度和广度上是不完整的。面对面的交流可以通过了解个人在团队中的贡献加强激励，可以减少误解，可以作为信息来源的主要方式而保持管理主动性，消除小道消息以及提高沟通效率等，这些都是电子邮件和手机等方式所无法完全实现的。

（5）团队小结（Team Briefing） 团队小结是很好的一种沟通方式，它实现了面对面的沟通。即使有很多现代的方式可以选择，但面对面的沟通在任何时候都不能减少，特别是对一个创新团队的管理而言。

团队小结的人数一般不超过15人，如果人数过多，沟通的效果可能会受影响，时间根据沟通的情况而定，但也不宜太长。团队小结一般包括四个方面的内容：①围绕着目标所取得的进展；②需要解释、强化或改变的程序；③涉及企业和团队的人员；④下一步团队和组织需要优先考虑的事情。企业管理者也要积极参与团队总结，不能认为团队小结是团队自己的事，要通过团队总结这种方式，加强企业管理者与团队的密切沟通，增进了解，使管理者及时了解创新的进度、存在的问题以及团队所需要的帮助，使团队成员感受到来自管理层的关心和支持，更有积极性地开展创新活动。

5. 管理好团队对立

团队对立（Team Polarity）不是个新话题，任何一个创新团队都会遇到这个问题，管理者也会遇到这个挑战。有研究表明，创新团队的管理者要花

20%的时间来处理冲突，有60%的创新项目都存在着不同程度的不和谐。关于团队对立，过去一般有两种认识，一种认为团队对立对绩效和满意度是非常不利的，它会阻碍创新的进程，因此管理者和员工都认为团队对立的是消极的，需要避免并立即解决。另一种则认为团队对立有它的益处，不同的见解有助于明确和更好地理解所讨论的问题，对发展新思想和完成任务都有帮助，同时可以使团队成员可以更加灵活地思考。以现在的观点来看，团队对立既有积极的一面，也有消极的一面，关键在于管理者如何把握好，将消极的影响减少到最小。

Kratzer Jan ㊀等人认为，团队对立是指在解决问题的系统性变化过程中，创新团队成员的意见和观点的差异。在对11个公司的51个创新团队的264名员工进行了问卷调查之后，结果表明，团队对立确实是影响创新团队创造性绩效的重要因素，团队对立的影响受创新团队运行条件的调节，在创新过程的开始或是在概念化阶段，团队对立既有积极的影响，也有消极的影响。管理团队对立的具体措施有：

（1）首先要认识到团队冲突不可避免　创新团队的冲突主要表现为团队成员之间的冲突。创新团队组建的前提就是团队成员认同团队所要实现的目标，不同的成员是为了完成同一个目标而走到一起的，但由于人与人之间的性格、价值观、文化传统等的差异，成员之间的冲突不可避免。

（2）要合理分工　创新团队中需要多种角色的员工，岗位职责的不同对员工也提出了不同的要求，根据每个人的特长、喜好安排不同的岗位，使人尽其才、人岗相宜，每个成员都能做自己喜欢和擅长的事情，提高成员的满意度，使团队成员心情舒畅的工作。对于团队的成员来说，必须明白他们都在分担共同的目标和任务，了解他们相互依赖的角色、技巧和能力，对团队的成功和失败负有责任，期望各自的能力能够对完成共同的目标有所贡献，成员必须要有团队意识。

（3）营造包容的氛围　个人的创新能力越强，其个性往往也越突出。试想如果每个人都毫无顾忌地展示自己的个性而不顾别人的感受，团队的凝聚力必将大打折扣。尊重个性，包容他人。包容是一种美德，一种胸怀，一种自信，创新人才既要在自己的优势专业领域发挥自己的聪明才智，同时也应

㊀Kratzer Jan, Roger Th. A. J. Leenders, Jo M. L. van Engelen . Team Polarity and Creative Performance in Innovation Teams. Creativity and Innovation Management, Mar 2006, Vol. 15 (1): 96－104.

在社会技巧上不断提高自己，真正把自己塑造成一个全面的人才，管理者应该营造这种氛围。

(4) 将冲突化为动力　团队成员往往会为了某一个具体问题而争论不休，各不相让，试图都要说服对方，证明自己的观点是正确的，这其实是管理者乐见的事。创新的道路并不是一帆风顺的，充满着风险和坎坷，没有哪一个人能保证他的创新思想是百分之百正确。有不同的意见说明团队成员对所遇到的问题进行了认真思考，对团队是负责任的。管理者应该搭建一个平台，充当好调和者和鼓励者的角色，既要让团队成员把自己的观点充分地表达出来，允许善意的争论，同时也要鼓励团队成员虚心倾听和分析不同者的声音，看有无可取之处，以不断完善自己的方案，减少创新的弯路和降低创新失败的可能性。

6. 允许成员流动

组建自发的团队进行自我管理，来激发和搜寻大家的创新思想，并使创新商业化，这种方式在实施激进式创新的过程中使用比较多。比如，皇家壳牌公司、北电网络公司、宝洁公司将内部的企业家志愿者组成小型团队，赋予他们开展创新的责任。这些团队有研发经费的资助，其目的是要收集最好的思想而且要独立地发展并使他们商业化。这种团队与传统的项目团队并不一样，管理难度比较大，首先是自发的，而且要自我管理，团队可以雇用自己认为需要的人，可以免费使用公司的资源，有自己的规则，通常直接向公司 CEO 汇报。有的公司甚至采用向团队购买创新成果的方式来鼓励团队创新。

3.3 案例

3.3.1 美国强生公司的人才管理

美国强生公司（Johnson & Johnson）成立于 1886 年，是世界上规模最大，产品多元化的医疗卫生保健品及消费者护理产品的公司。强生公司在全球 60 个国家建立了 250 多家分公司，拥有约 11.5 万名员工，产品遍布 175 个国家和地区，旗下拥有强生婴儿、露得清、可伶可俐、娇爽、邦迪、达克宁、泰诺等众多知名品牌。强生公司的人才管理重点表现在：

1. 员工面试

员工面试的重点是态度、做某项工作的能力与愿望、团队精神、学习的愿望、聪明并成熟、有相关的知识与技能。强生公司的业务范围较广，由制药、医疗器材、消费品三大类组成，因而强生公司的就业机会很多。作为一家国际性的公司，英语是重要的沟通工具，但英语并不是唯一的用人标准，因为英语能力可以通过训练来提高，而其他素质，如品格、思维方式、工作态度和能力却不是简单的培训就可以造就的。总体来说，强生更加注重的是一个人的能力。

2. 员工培训

员工培训的主要内容包括入职培训、公司文化、演讲能力、商务礼仪、英语沟通（书面及口语）、经营业务行为准则、领导的标准概要、SOQ（管理评估系统）概要、高效人士的七种习惯。与培训相辅相成的是，公司利用工作轮换的方式使新员工进入“角色”，从而了解公司的整个运作过程，员工会从市场部到销售部，从本地到外地，从单一职责到多项职责。在这样的锻炼中，新员工会感到本身的进步，体会到公司在真正利用人才。

3. 员工发展

公司要承担起对客户、对员工、对社会及对股东的责任，而并不只是为自身的利益而存在。公司以符合高道德标准并致力于提高人们的生活质量为公司发展的基本宗旨。很自然，那些行为符合道德规范、致力于实现信念价值、工作勤奋并有突出业绩的人可以在公司内获得更多的发展机会，具体表现在：

（1）能以长远的眼光来看待个人职业发展　他们看重的是自己是否有继续学习和发展的机会，对他们来说，金钱不是成功的唯一标志，他们会坚持勤奋工作，不断付出。

（2）积极主动，不断创新　他们不满足于现有的成绩和现有的工作方式，而愿意尝试新的方法。在不断变革的今天，只有未雨绸缪，才能化被动为主动，才有能力迎接新的挑战。

（3）有商业头脑，注重成果　他们知道，如果没有成果，不能达到预定的目标，所有的辛苦都会付诸东流。他们以公司的信条为指南，对自己的行为负责，会尽全力去实现目标。

（4）富有团队协作精神　他们深知个人的力量是有限的，只有发挥整个团队的作用，才能克服更大的困难，获得更大的成功。

（5）不断学习　他们知道一个人的竞争能力还反映在他的学习能力上，他们会利用一切机会学习、吸收新的思想和方法，他们会从错误中吸取教训，从错误中学习，不再犯相同的错误。

3.3.2 亚科卡——拯救沉船的人

亚科卡，当今蜚声世界企业界的一位传奇人物，1924 年 10 月 15 日出生于美国宾夕法尼亚州，自幼勤奋好学，获得工程学和心理学学士学位。1946 年 8 月进入闻名世界的福特汽车公司工作，受聘担任实习工程师，实习结束后，便从事销售工作，靠其非凡的业绩不断得到升迁。1970 年，亚科卡登上该公司总裁宝座，他出色的管理才能使公司实现了每年盈利 18 亿美元的目标。八年后他因与福特二世意见分歧而被公司解雇，但公司付给他 150 万美元的解雇费，前提是：如果受聘于其他公司，则取消这笔解雇费。被解雇后不久，亚科卡便到濒临破产的克莱斯勒汽车公司任总经理。他重振雄风，使该公司奇迹般地复活，迅速发展，1984 年盈利 24 亿美元，这一个数字比该公司 60 年的利润总和还要多。

公关艺术是亚科卡最出色的管理才能之一，无论是宣传企业产品，塑造企业形象，还是处理社区关系，争取政府贷款，赢得公众谅解，都充分地显示了一个非凡企业家所具有的公关意识和技巧，尤其是亚科卡出色的用人艺术，堪称当代各国企业家的楷模。

如果没有一支好的管理人员队伍，就谈不上企业凝聚力，更谈不上树立企业形象。亚科卡就任克莱斯勒公司总经理后，发现公司处于无政府状态，各部门各自为政，缺少互相支持和配合，恰如“一盘散沙”。公司内部信息沟通不畅，企业管理者素质差。面临这一系列致命问题，亚科卡首先大刀阔斧地进行企业管理层的改革，在他任职的三年期间，解雇了 33 名不称职的副总经理，然后不惜一切代价网罗能人来填补这些无能者留下的空职。亚科卡利用在福特公司任总经理时的关系，把他所熟悉的该公司的许多优秀企业管理者一个一个地挖过来。同时，用重金聘用福特公司已退休但有经验有能力的经理。他在克莱斯勒公司的下层不拘一格选拔了大批富于创新的年轻人，同时清除了一批平庸之辈。企业管理层的改革，给克莱斯勒公司的复兴注入蓬勃的生机。

建立和健全企业内部公关工作制度，做好信息的双向沟通，把决策者的意图及时地传达给下层，同时把下层的意见迅速反馈上来，是企业管理者的一项重要工作。亚科卡在担任福特公司总裁时，对手下的关键人物建立了严格的定期（一季一查）询查制度，并要求各个层次的管理者都这样做。询查的基本问题是：“今后九十天里我们的目标是什么？你们首先要做的事以及你们的希望是什么？你们打算怎样实现它们？”

企业凝聚力的形成，建立在领导者对员工的尊重、信任和关心的基础之上，妥善地处理好不同层次员工的需要，尽可能使每一位员工都感到满意，这样的企业凝聚力才是长久的和坚不可摧的。亚科卡认为，经营管理者的全部职责就是动员员工来振兴公司。为此，首先必须尊重人，乐于听取同级和下级正面的或反面的意见，并且要富有同情心，以情感人，还要有自我牺牲的奋斗精神。一个有能力的人不能取得成功的根本原因就是因为不能和上下左右的同事配合好。在克莱斯勒公司处境艰难的日子里，亚科卡把自己的年薪降低到 1 万美元。而他在福特公司年薪却高达 100 多万美元。他的榜样作用，推动了公司各级员工减薪工作的顺利进行，使公司渡过了难关。

亚科卡最富有魅力的作风是重视不同的意见，他甚至以此作为公司好坏的标准。亚科卡严于律己，工作一丝不苟，他要求部下把新的意见写下来，以便有则改之，无则加勉。在一些似乎不易觉察的小事上，也能淋漓尽致地表现出精湛的公关艺术。例如，他对每一个建议者都能予以表扬和鼓励，无论这些意见被采用与否。这一招收到立竿见影的效果。他在克莱斯勒公司的最初一年里，收到的建议就有 6 万多条，其中被采纳的重大建议 2000 多条，获得经济效益 3 亿多美元。

总结亚科卡的经营战略，主要有四条：①重视人；②重视产品；③重视成本；④重视成本。在 1983 年的一次美国“最佳企业主管”的民意测验中，亚科卡得票绝对领先，数以万计的美国人给他写信，要他竞选美国总统。

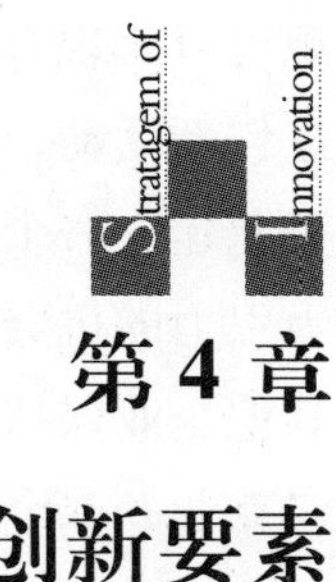

第4章 创新要素

创新要素是指和创新相关的相关资源和能力的组合，通俗地讲，就是支持创新的人、财、物以及将人、财、物组合的机制。从大的方面说，也可以分为智力要素和非智力要素，智力要素是指参与创新的所有人，包括人提出来的创新思想；非智力因素是指除人以外的因素。创新要素是创新活动得以开展的必不可少的基础，缺少这些创新要素，创新活动也就无法实施。管理者和创新者应该根据市场需求信息与技术进步信息，捕捉创新机会，通过把市场需求与技术上的可能性结合起来，产生新的思想，利用可得到的资源（包括人力资源、财力资源和技术资源），通过组织管理（研究开发、试生产、设计和生产、营销），将这些创新要素有机结合起来，发挥要素的最大效能，从而促进创新的成功。

4.1 创新思想的正确选择

诺贝尔奖获得者莱纳斯·鲍林（Linus Pauling）曾经说过："拥有一个好思想的最好方法是拥有很多思想"。创新无处不在，人人可做，上到CEO，下到最普通的员工，都可以提出自己的创新思想，而并不在于你是处于什么样的地位。只要我们愿意尝试并敢于承担风险，不管何时何地，只要有了新的想法，哪怕多么奇怪，多么与众不同甚至荒诞，没有关系，马上和自己的主管、同事甚至CEO进行沟通，紧紧抓住可能会改变企业命运的那一刹灵感。

4.1.1 创新思想的来源

创新思想的来源可以分为外部和内部。

1. 创新思想的外部来源

创新思想的外部来源是指事件、动态、组织和个人。创新思想的外部来源可以就现有的或潜在的机会为企业提供重要的迹象和信号，以鼓励企业推进创新活动，同时企业也应该做好从外来者那里获取信息的准备，这就需要企业建立一个系统的可监控的流程，分析企业所处的行业环境以便识别出有吸引力的机会。它还需要企业与潜在的对企业创新有帮助的客户、供应商和其他企业保持战略关系，这种战略关系已经成为越来越多的企业的创新举措。洛克菲勒基金会曾经提出这样一个问题："怎样才能把太阳能手电筒变成通用的室内灯？"这个问题一直没有答案，后来该基金会与 InnoCentive，一家私人的创新中介公司合作，征询全球 16 万名独立发明者的建议。最后，一位来自新西兰的工程师提出了答案：就是采用太阳能电池和 LED 的更强大的手电筒。

2. 创新思想的内部来源

员工一直被认为是企业最重要的资产，因为他们是企业产量和利润的源泉，也是创新思想不可缺少的重要来源。创建正确的沟通和信息收集系统，企业可以从自己的员工那里获得聪明的主意。不管以什么样的方式，员工都应该受到激励，使他们能够积极参与到创新活动中来，变得更加富有合作精神，更加具有创造力。比如，乐高公司建立了一个高管团队，叫作经理创新管理组，来指导并制定公司的创新战略，这个团队依据创新的职责分为四个部分：功能组（创建核心业务流程），概念实验室（开发新产品），产品和市场开发（开发下一代产品），社区、教育、指导组（支持客户以激发他们的创新思想）。

4.1.2 员工创造性思维的启发

很多事情的发生都具有偶然性，这其中也包括创新的事物。1928 年，弗莱明无意中发现在他的实验室里培养的细菌被一团青绿色真菌杀死了，由此导致盘尼西林的发现，在以后的时间里拯救了无数人的生命。X 射线的发现也非常偶然，1895 年，伦琴在做阴极射线实验时，偶然发现了这种射线，但正是这偶然的发现，却被称为 19 - 20 世纪之交引起物理学革命的三大发现之一。

正像哲学告诉我们的那样，偶然的发现，存在着必然的因素。这些因素可能包括很多方面，但其中最重要的就是创造性思维。当你具备了这种创造性思维，就会从偶然发生的事物中捕捉到微弱的信息，更不会放过每一个细小的环节。创造性思维是开展创新活动的前提和基础，没有创造性思维，即使有再多的偶然，也不会产生必然的结果。当然创造性思维不可能是与生俱来的，对绝大多数人来说，需要经过持之以恒的训练和探索才可能具备。

创造性思维就是要产生过去不曾有过的事物，其中一个最明显的益处就是能够扩大我们可能的选择范围，实现一个特殊的结果，同时能够丰富我们的观点、提升理解能力以及从不同的角度来判读事物。

很多大企业都想方设法地激发员工的创造性思维，设计出了很多有意思的方式。比如惠普公司建造了“Gaming Room（游戏屋）”，游戏屋为员工提供一个挂满巨大电视屏幕的悠闲的环境，在那里员工可以闲逛，也可以玩游戏。雅虎公司有一个叫做 Brickhouse（砖屋）的设施，复制出了一个低成本、初创公司的环境，鼓励员工就新产品提出见解，在那里，员工可以邀请朋友来并主持进行游戏和会话。

要启发员工的创造性思维，最好的方法之一就是不断地试验。比如，组装、拆分机器等类似的事情，如果你在这方面花的时间越多，思考得越多，那么你从中获取的经验和技巧就越多。很多伟大的发明家、科学家、创新者都是通过成百上千次的试验才最终获得成功的。试验越多，产生创新思想的概率就越大，虽然这个过程可能比较漫长，也可能经历很多失败，但失败也是试错的过程，让我们更加接近成功。

4.1.3 员工积极提出创新思想的氛围营造

企业管理者要营造员工积极提出创新思想的氛围，具体措施有：

1. 要尊重员工的创新思想

企业管理者应鼓励员工多提创新思想，特别是过去从来没有提出过的突破性思想。也许员工提出的不切合实际，有的甚至当时被认为是可笑的，但不管如何，这都是员工关心企业发展的表现，因此都要得到尊重，管理者不能简单处理、否定甚至是嘲笑，特别是不能忽视企业中处于较低层次的员工，他们都是创新思想的重要来源。有些创新思想当前看来可能难以实现，但这并不代表将来不会成功。

2. 要多给予鼓励

不管能不能实现，只要员工提出了创新思想，管理者就应给予鼓励，要让每名员工认识到他所提出的想法是有价值的，这应该成为管理者的意识。从管理学角度讲，这强化了正向激励。有些创新思想看似简单，但其他人却没有考虑到，而一旦付诸实践，为企业带来的利益却是巨大的。

对于那些为企业创造价值的创新思想，则要重奖。对员工来说，最大的满足莫过于自己提出的创新思想能够被接受进而能够实现，为企业带来经济效益。过去包括现在很多企业都鼓励员工提合理化建议，只要被采纳就给予一定的经济奖励，但这还远不够，如果员工提出的创新思想能够为企业带来巨大的经济效益，没有理由不让员工分享这份利润，这样会大大激发员工的创新意识和创新动力，企业的持续、健康发展就有了根本保证。

3. 用不同的方式鼓励员工提出创新思想

（1）面对面的方式　有些员工愿意与管理者面对面地进行沟通，这样比较直接，也比较深入，能够让管理者充分理解员工的所思所想，减少沟通的障碍。但由于企业文化的不同，不同的企业采用这种方式的时候，也有不同的做法，更多的企业管理者是采用定期交流的方式。

（2）文字的方式，包括书面报告、电子邮件等　特别是电子邮件，管理者公布自己的电子邮箱，鼓励员工直接给自己写邮件，提出创新思想，使创新思想能够直达高层，减少了中间环节。当然，文字的表达也要有一定的规范，否则参差不齐，也会影响交流的效率。一般认为，最佳的文字报告的长度在250个字左右，当然不同的企业可能会有不同的规定，但不管怎样，对文字表达的方式要有一定的规范。

4.1.4　企业文化和组织结构的考虑因素

创新必定要改变现状。虽然说创新已经成为企业发展和提高效率的重要源泉，但创新真正实现起来，也会遇到很多挑战。现实中，并不是很多人都愿意改变。在创新思想的选择过程中，企业管理者一定要考虑到创新会给组织带来什么样的变化，变化的程度有多大，这种变化能否被员工所接受，现有的组织结构能否支撑这种变化，特别是采用激进式创新模式的时候。如果经过判断分析认为，员工不易接受或组织结构难以支撑，就应该暂缓实施、分步实施或进行再优化。

就拿头脑风暴法为例，这种方法现在被普遍使用甚至是滥用。头脑风暴法起始于20世纪50年代，当时定义为团队提高思维能力的过程，其前提是如果要获得好的思想，每个人都要有很多的思想供选择。但在有些公司的文化环境当中，很多员工不敢在工作场所中进行尝试，担心由于失败而感到困窘，还可能失去原有的地位。还有的员工担心同事偷走或“免费搭乘”自己提出的创新思想，因此总把自己最好的思想隐藏起来，一直等到他们认为理想的时候再提出来。

4.1.5　正确选择创新思想的途径

1. 不能急于求成

我们通常所犯的错误是花费大量的时间去创造思想，而几乎没有时间去收集、选择和提升它们。事实上，你应该花费 2/3 的时间去选择正确的思想，花 1/3 的时间去获取这些思想，而不是相反。有潜力的想法对于创新来说就像未经琢磨的原钻，看上去很普通，但实际上到最后会闪闪发亮。所以不能急于求成，不能指望在 1000 个石头中用一两个小时就能找到原钻。

2. 对所想要的有清楚的认识

如果企业管理者都不知道自己想要什么，那怎么能选择出好的理念呢？所以创新项目一开始，企业管理者要有明确而具体的创新任务和标准，有了这些标准才能帮助管理者识别和选择正确的创新思想。

3. 从客户那里得到反馈

从不同的途径和人群中获取创新思想，有助于企业丰富和完善创新思想库，其中客户就是一个很好的渠道，特别是那些潜在的目标客户群。很多情况下，就同一件事情来说，企业提出的新想法和客户提出的有较大差异，所以需要听取多方意见，才能做到“兼听则明”。

4. 做一个小型试点

尽管一开始就经历了很多程序来选择创新思想，但不管怎样，它对于管理者来说都是模糊的，因为它毕竟没有真正付诸行动。做一个小型试点，即使失败了，损失也不会太大；如果成功了，可以在更大范围内复制和推广，同时在试点的过程中，也能不断完善创新思想。

5. 要摒弃一些偏见

对于任何一个管理者来说，由于文化和思维的影响，总会形成固有的认知模式，在创新思想的选择上或多或少存在着一定的偏好甚至是偏见，而这却是管理者必须克服的，具体涉及以下两个方面：

（1）要摒弃国家或地域的偏见　这对于跨国公司的管理者来说，尤为重要。跨国公司的员工来自不同国家，具有不同的文化、技术和管理背景（国内公司来自不同地域的员工也是一样），他们对于同一个问题会有不同的看法。一般来说，由于文化背景的趋同，管理者可能更倾向于选择那些与管理者来自同一国家或地域的员工所提出的创新思想，而往往忽视或是过滤掉来自其他国家或地域的员工。因此，管理者必须站在更高的角度，熟悉不同的文化差异，不管是来自哪个国家的员工，对他们提出的创新思想，都要一视同仁，认真对待，而不能让文化的差异左右自己的判断。

（2）要摒弃来自同一领域的偏见　很多管理者都是从某一业务部门成长起来的，如技术、销售、开发等，因此潜意识里对这些部门就有格外的偏好。在实际中，来自与管理者同一领域的员工提出的创新思想就容易被管理者接受，因为管理者对这些领域比较熟悉，易与这些领域的员工沟通。对于其他领域的员工所提出的创新思想，管理者接受起来就比较谨慎，甚至由于过度谨慎而放弃了那些可能会给企业带来巨大利益的创新思想，所以管理者不仅要是专家，更应该成为杂家。

4.2 企业内部的相关要素

4.2.1 需求的分析

需求的分析是创新的起点。需求的来源可以有多种方式，可以是来自客户的，可以来自市场，也可以来自公司内部。需求的分析主要涉及以下四个方面：

1. 要对市场进行深入研究

市场经济越发达，市场所释放的需求信号就越强大，也越真实。本企业在市场中的地位，市场占有率是多少，产品和服务处于什么样的层次，竞争对手有哪些优势等，这些都需要企业管理者准确地掌握。一般企业都采用传统的市场研究方法，包括问卷、访谈、小组讨论等，传统的市场研究方法能够就客户及他们的需求提供基本的信息，但它只能揭示一些表面的问题或者是客户能够清晰表达的问题，仅仅靠传统的市场研究可能只会促进企业的渐进式创新。为了保证市场研究的客观性和挖掘更多更深层次的市场需求，很多企业都雇用市场调查公司或咨询公司来进行调查。

2. 要对客户群进行分析

客户的需求与市场的需求有时是一致的，有时却不一定。比如说，某种产品在市场上销售业绩很好，客户买的比较多，市场需求比较大，但客户的需求并不满足于此，可能要远超过对此产品的需求，因此市场的需求在很多时候只是反映了客户的部分需求，因此除了客户当前的需求之外，还存在着客户的长远需求、不同客户的需求等，这些都需要企业管理者认真分析，深度挖掘，特别是对于创新型公司、处于成长期的公司、处于竞争比较激烈领域的公司，更要另辟蹊径，将客户的需求琢磨透，找出一条适合自己的生存发展之路。现在很多企业都采用客户趋势分析法，也就是通过过去的和当前的客户行为来预测客户未来的行为，这已经成为企业创新战略的重要组成部分。

3. 要善于倾听来自企业内部的声音

很多时候，企业员工一句不经意的调侃甚至是抱怨，都反映出某种需求，特别是一线员工和直接管理者。比如我们在企业经常会听到这样的声音，如果产品生产的流程能够改善一下就好了，产品的包装是不是可以变换一下风格和颜色，沟通的层级是不是可以减少一点。这时候，管理者就要做有心人，对于员工的每一个声音都认真对待，看有无改进的地方，也许这些声音就是企业创新的源泉。

4. 要明确当前企业发展的需求

需求很多，但并不是所有的需求都能够满足，在实际当中，有很多需求是自相矛盾的或是短期内无法满足的，这就需要管理者审时度势，提纲挈领，具有敏锐的洞察力，善于抓住主要矛盾和矛盾的主要方面，理清各种需求之间的关系。管理者的任务就是明确一种主要需求，其他的需求可以作为主要需求的子需求，在实施过程中逐步予以实现。管理者对需求的分析层次剖解，如图 4-1 所示。

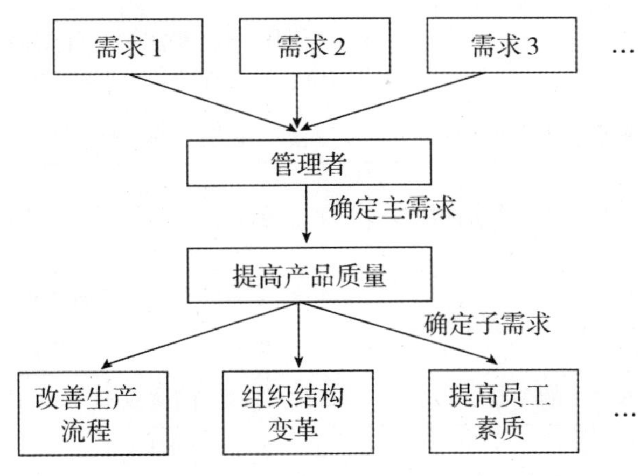

图 4-1　管理者对需求的分析层次剖解

4.2.2　成本收益的合理测算

任何创新都会产生一定的成本。作为管理者，在选择好创新思想并打算付诸实践之前，有必要对成本效益进行测算。针对不同的创新思想成本收益的类型，管理者可以具体测算并决策：

（1）成本高、收益低　对于这类创新思想，管理者应给予更多的鼓励和建议，同时与员工一起，提出改进的措施，以进一步降低成本。

（2）成本高、收益高　巨大的收益是非常诱人的，但高昂的成本却不是哪个企业都能承受的，这个时候管理者要谨慎从事，一定要做好方方面面的风险评估，看是否有资源投入，能否经受住失败的结果。

（3）成本低、收益高　这是每个管理者都愿意看到的结果，但即使这样，也要把握好创新的每一个环节。

（4）成本低、收益低　对于这种情况，管理者要综合权衡，看有无改进收益的空间，看是否有实施的必要。

当然，成本效益的测算虽然非常重要，但并不是决定一个创新思想能不能被接受和实施的唯一因素。有的管理者可能从企业发展的战略需求出发，即使是比较高的成本或是比较低的收益，也有可能实施，其目的可能是为了开发新技术，为将来的新产品做储备，也有可能是为了拓展市场的需要。创新成本的分配依据与分类，如表4-1所示。

表4-1　创新成本的分配依据与分类

创新成本的分配依据	创新成本的分类
成本的类型	折旧；材料和能源；外部服务；税和费用；工资；社会保险；其他福利
创新的类型（根据创新的原创性）	渐近式创新；突破性创新
创新的类型（根据公司运行的领域）	产品创新；流程创新；组织创新；市场创新
与已完成的总收入之间的关系	可扣除的成本；不能减免税的费用
成本涉及的周期	一个周期的成本；几个周期的成本
与创新计划成本之间的关系	直接成本；间接成本
创新活动的变化	可变成本；固定成本
做出决策的重要程度	重要成本（需要决策选择的成本）；非重要成本（不需要决策选择的成本）
做出决策的时间段	已发生的成本；未来的成本
控制的意愿和可能性	可控成本；不可控成本
创新生命周期的阶段	起始阶段的成本；计划阶段的成本；实施阶段的成本；清算阶段的成本

以某产品为例，对创新项目的成本过程控制表如表4-2所示。

表 4-2　某产品创新改进的成本过程控制表

创新项目：对某产品进行改进					
创新类型：渐进式					
项目时间：从××年××月××日至××年××月××日					
观察时间：××年××月××日					
创新生命周期阶段	计划的成本（到观察日）	实际的成本（到观察日）	两者之间的差	计划总成本	占计划总成本的百分比
起始阶段					
活动 A					
成本 1					
成本 2					
…					
活动 B					
成本 1					
成本 2					
…					
计划阶段					
…					
合计					

4.2.3　资金

创新有的时候可能还需要大量的资金，特别是小企业在创新的过程中对资金的需求更加迫切。因此在将创新思想推向市场的过程中，要善于利用好各种资金。资金的合理利用主要涉及以下方面：

（1）利用好风险资本　风险资本在将创新思想带入市场的过程中，扮演着重要的角色。20 世纪八九十年代，硅谷新诞生的 170 家企业里，使用风险资本与不使用风险资本的公司相比，使用风险资本的企业能够更快地把产品推向市场。同时风险资本对于激进式创新的作用比对渐进式创新的作用更强。现在，使用风险资本已经成为一种普遍的现象，而且通过使用风险资本获得成功的例子不胜枚举。

（2）在企业内部建立创新风险资本　在企业内部建立创新风险资本是很多大公司的做法，其目的是为了鼓励创新，营造创新的良好氛围。

(3) 积极参与新兴产业基金　发展新兴产业，在很多情况下是与国家的发展战略紧密联系的。在加快传统产业升级改造、推动技术进步的同时，促进新兴产业的发展，赢得新的产业制高点，是一些国家着眼于未来的战略选择。新兴产业在很多方面发展得还不成熟，如在生产模式、原材料、人才需求、技术等方面要么不明朗，要么短缺，因此需要国家的大力扶持，建立新兴产业基金或者类似的这样一些资金，以降低进入门槛，同时引导更多的民间资本和外来资本进入该领域，逐步将新兴产业做大做强。创新型企业要紧抓机遇，积极进入这些新兴产业领域。

同样的，一些大企业也具有这样的智慧和眼光，它们也积极地建立新兴产业基金，试图在新兴产业的发展中占有一席之地。当然这种基金与传统的企业风险基金不同，企业并不控制基金的运作，而是由独立的风险资本家来管理，这些基金通常投资于需要成长资金的企业，而并不是刚起步的企业。

4.2.4　组织机构

创新就是变革。组织机构的设置应该符合创新的需求，如果不符合就需要调整，特别是对那些准备实施激进式创新或破坏性创新的企业而言。

1. 审视现有的组织结构

首先要了解并设计出创新需要什么样的组织结构，现有的组织结构是什么样的，它们之间的差距在哪里。在以创新为导向的企业，一切都会为创新开绿灯。不管是直线制、直线职能制，还是事业部制等，为了满足创新的需要，有的组织结构就需要微调，有的可能就需要大的调整，当然，企业应以尽可能小的变动换得最大的需要。

2. 高层强有力的推动

组织结构的变革必将触动现有者的利益，打破原有的平衡，使利益格局重新洗牌，因此组织结构变革必须来自高层的推动，即使在以创新为导向的企业也是如此，而且各级管理层都必须统一思想、统一步调，如果单靠哪一个部门或中层经理是很难实施的。

3. 树立创新优先的意识

几乎所有的组织机构变革都会涉及人员的重新调整、部门的裁并等，因此所有人员都必须树立服务创新需要、创新需要优先的意识，主动承担责任，主动服从分配，特别是中层经理和公司领导层，更要服从大局，而不能固守原有的模式和既定的利益。

4.3 外部资源和外部知识

4.3.1 外部资源

除了自身所拥有的资源，创新也需要很多外部资源的支撑，否则就很难成为真正的创新。比如，灯泡的发明，其本身没有太大的意义，但有了电力网络的支撑，灯泡就可以为千家万户带来光明，其价值已经远远超越了灯泡本身。因此，作为管理者必须要有广阔的视野，准确地掌握创新所需要的外部资源，以确保创新获得商业成功。企业外部资源可以从两个方面来审视：①需要开发的互补产品或服务；②采用链（Adopt Chain）需要开发的互补产品或服务就是合作创新，这种模式随着经济全球化的深入也越来越受到重视。比如在20世纪80年代，飞利浦（Philips）公司第一个开发了HDTV技术，但公司并没有从中获得商业价值，因为公司缺乏创新合作者以开发新的配套技术，使消费者愿意替代传统的电视机。后来公司认识到了这个问题，并且花了25亿美元，允许其他的制造商如LG公司和三星（Samsung）公司从HDTV技术中获得好处。

关于采用链，可以用米其林的例子来说明。米其林公司开发了一种新的轮胎，这种轮胎被刺破之后还能跑125英里，这样就使人们有时间找到汽车修理厂。一开始看上去好像这种产品肯定会成功，但事与愿违。汽车修理厂为了钳住和校正这种轮胎，必须投资新的装备、工具并对员工进行培训，但修理厂不愿意投资这笔钱，除非这种新的轮胎技术被广泛地接受，毕竟这是一种新的技术和产品。同样，消费者也不愿意买这种轮胎，因为汽车修理厂也没有广泛地为这种轮胎提供服务，因此，正是这种“先有鸡还是先有蛋”的问题把可能会一鸣惊人的产品给扼杀了。

4.3.2 外部知识

21世纪的经济是知识经济，这是一种崭新的经济形态，其主要特征是：大量的系统性变革、竞争优势只是暂时的而不是持续的、追逐速度、产品和服务的周期更短等。在这种新的经济环境中，知识已经成为识别和探索创造和建立竞争优势的关键性因素。从知识经济的角度来说，创新管理也是一种知识管理。知识管理的本质就是在开发和增强组织创新能力的过程中提供管理的框架。知识管理从某种意义上说增强了知识和创新之间的相互作用，换句话说，创新的成果就是投资于知识和知识员工的副产品，也是新知识的具体体现。外部知识的角色在创新过程中变得越来越重要，特别是开放式创新这种模式对外部知识的需要已成为不可缺少的重要环节。从外部吸收知识可以提高企业寻找到正确创新之路的机会，同时也能避免一些重复的创新活动。

知识具有公共产品的属性，因此围绕着知识而形成的竞争优势是非常不容易的，具有挑战性，因为企业要面对知识溢出给竞争对手的风险。在过去的研究中，知识转移经常都是从单向流动的观点来考察，这是基于这样一个潜在的逻辑：也就是组织如何从内在的知识转移中获得竞争优势，而要阻止向竞争者转移外部知识。但随着环境越来越开放，这些担心可能已经没有太大意义，因为企业获取知识的渠道越来越丰富，越来越通畅，同时由于这种担心而产生的知识保护也可能是消极的，极有可能束缚了自己的发展，特别是现在很多企业都采取了开放式创新的模式，将内部和外部的知识源进行整合，在思考满足客户需求、市场拓展和技术变革的时候，更加广泛和深入地从外部知识源搜寻新的知识，产生了更好的创新绩效。

搜寻外部知识可以从垂直和水平两个尺度上获得。垂直尺度包括上游供应商、下游供应商、客户等。与供应商的密集互动和紧密结合是生产系统不可分割的一部分，包括持续地改进和无库存制度。客户在创新活动中也有更加积极的角色，他们是新产品开发思想的潜在源泉，同时也是改善产品的发起者，与客户的密切联系可以帮助企业认识到潜在的市场需求和客户需求的变化。水平尺度包括竞争者和他们的产品、大学以及与其他知识源的链接。研究表明，不同组织的合作对企业的创新精神是有帮助的。当然，在实际当中，也并不完全按照这两个方向来进行的。外部的知识源可能是互补的，也可能是替代的关系，去哪里寻找外部知识源和这些知识，如何增强创新绩效是最重要的。

1. 客户

客户一直被认为是特殊的而且是有前景的知识来源，特别是当一部分客户的需求能够在更加广阔的市场中得到预期的时候，这部分客户被称为先导用户。很多企业在实际的创新中，都有意识地选择先导用户，用以促进产品的研发和市场的扩展。但运用先导用户的方法也有一定的风险，首先先导用户很难寻找到，同时把先导用户的需求植入到创新活动中也有很大的不确定性，因为先导用户的需求往往目光短浅、狭隘甚至是错误的，难以完全和有效地传递到创新流程。也就是说，先导用户的知识难以准确把握和搜寻。

2. 竞争者

相对而言，有价值的竞争者的知识通常容易识别，因为他们的知识大量嵌入在市场的产品当中，而且竞争者一般都在相似的市场和技术环境中运行，也使得他们的知识很容易被吸收，但是也要看到，对竞争者知识的开发是有限的，特别是对于竞争者所拥有的成熟产品或知识含量高的产品来说，企业从中吸取知识从而开发新产品的难度非常大，所以如果把竞争者作为主要的外部知识来源，企业可能更多的是选择了产品模拟策略。

3. 大学或研究机构

企业与大学或研究机构的合作是一个世界潮流，企业之所以愿意与大学（研究机构）合作，开展知识和技术转移活动，其主要动机是：可以有更好的途径获得人力资本、知识和技术以提升企业的知识基础，通过知识和技术的转移建立新的研究领域，提供企业实现更多激进式创新的能力，促进更多新产品的诞生等。但也有它的不足：①大学或研究机构存在的官僚主义；②项目合作持续的时间太长；③企业与大学或研究机构之间知识水平的差异等。而且大学或研究机构中的知识尽管可以为企业提供重要的、更多的商业机遇，但这些知识离实际应用相去甚远，还需要进行大量的投入才有可能将这些知识完全的产品化。同时，由于知识产权保护和利益分配等问题，从大学或研究机构中获取知识也不是一件容易的事情。

研究发现，在更多的激进式创新的早期阶段，科学机构的贡献是最主要的，而在渐进式创新的较晚阶段，经验又起了非常重要的作用。

4. 供应商

供应商的知识可能很容易获得，因为这些知识通常也是嵌入到它们所提供的新的原材料或设备当中，但同样的，供应商的知识也容易被主要竞争对手获得，这样对于企业来说也就没有太大意义了。

除此之外，知识还可以从其他渠道获得，如学术会议、贸易展览会、学术出版物等，同样，竞争者也可以很容易获得。

总的来说，各种知识源都为企业提供了机会和挑战，因此企业在实施外部知识搜寻策略时，需要在潜在知识的多样性与如何更有效地获取知识中找到平衡。在实际中，创新管理者所面临的主要挑战是如何将吸收的外部知识进行必要的转化，以更好地与现有的知识存量进行匹配，最大限度地减少成本。

5. 中间因素

通过实施外部知识的搜寻策略来增强创新绩效还需要两个重要的中间因

素：①企业自身的 R&D 投入；②环境提供给企业外部知识溢出的能力。企业自身通过研发在知识生产方面的投入，主要目的是为了增加企业的知识存量，但同时也提升了企业识别、吸收和开发外部知识的能力，这种能力也叫作吸收能力。吸收能力是通过企业的组织程序和流程建立起来的，通常被认为是研发活动的副产品，也是一种通过反复学习以巩固企业知识基础的动态能力。吸收能力可以使企业从更加广泛的知识源中吸取知识，为企业解决问题和处理环境变化提供更多的选择，同时，企业可以组合有价值的和稀缺的资源投入到探索性的创新活动中去，更加准确地预测未来的发展。但是要建立起这种能力，企业也要投入重要的时间和资源，这会限制企业进行其他的活动。

有研发活动产生的知识很有可能产生溢出效应。在专属性和排他性较低、存在一定不确定性的情况下，产生和使用依附于个人能力中的新知识很容易发生溢出，因此，企业的搜寻策略就会反映出它所处的环境以及从知识溢出中获利的机会。通过提供互补的、外部的知识，知识溢出也会支持企业内部资源的增长。

总之，创新管理不能随意地组织知识源，而是要选择符合企业需求，能够识别、吸收的知识源。

4.4 案例

4.4.1 创新的全球化

经济的全球化促使跨国公司将一些生产基地、生产环节或者服务中心放在了劳动力成本低、资源比较丰富的国家，可以说产品和服务的全球化在一定程度上得到了大家的认可，并且习以为常。但很少有跨国公司有意识地将它们的创新流程也实现全球化，建立“创新链”，以超越本地的单一和国家的壁垒，这应该说是更高层面的战略考虑。摩托罗拉公司、诺基亚公司和苹果公司的例子就很好地说明了这一点。

大家知道，摩托罗拉公司是技术上的先锋和领先者，作了很多开创性的研究，提出了一系列满足客户需求的创新，这些创新都是基于最初的模拟技术。但是，孤立的创新流程却阻碍了摩托罗拉公司预见数字电话技术和全球移动通信市场的变化，同时也错过了制造时髦手机以吸引潮流顾客的机遇。

相反地，诺基亚公司却敏锐地抓住了这一点。通过对欧洲客户的研究，诺基亚成为认识到数字技术可能会戏剧性地提高手机功能的领导者，同时为手机商业化铺平了道路。公司认为手机的新潮客户在亚洲，因此将创新流程从意大利、美国扩展到中国和印度，结果诺基亚成为手机市场上的世界领导者而摩托罗拉却在苦苦挣扎。

但是市场没有最终的赢家，诺基亚也遭受着来自苹果公司的巨大挑战，尽管诺基亚公司的手机份额仍然是最大的，但手机霸主的地位已经被苹果公司夺走了。其根本原因是诺基亚的创新不够，未能及时调整市场需求战略，加上外部手机市场的激烈竞争，因此尽管已经很努力，但在技术、市场等方面仍没有跟上消费者日益变化的需求，苹果智能手机掀起的手机创新浪潮让诺基亚受到了重创。

类似的例子还有波音公司和空中客车公司、麦当劳与星巴克等，这些例子充分表明，即使当前看起来十分强大，似乎无人可敌的跨国公司，一旦放慢了创新的脚步，固守于本土，就一定有后来者居上。

4.4.2 Zipcar 公司

有一些创新是基于现有创新成果的基础上而变得非常受欢迎，如美国最大的网上租车公司 Zipcar 公司。

Zipcar 公司以“汽车共享”为理念，通过接收会员，发放会员卡来运营，到目前，该公司的会员已经超过了 76 万人。Zipcar 公司的汽车停放在居民集中地区，会员可以直接上 Zipcar 公司的网站或者通过电话搜寻需要的车，网站根据车与会员所在地的距离，通过电子地图排列出车辆的基本情况和价格，会员选择汽车，进行预约取车，使用完之后于预约的时间内将车开回原本的地方，用会员卡上锁。

Zipcar 公司的租车模式减少了人工服务的费用，自助消费的模式也让消费者拥有很大的自主权。Zipcar 公司设有一位主管，专门负责精简流程，设法以科技系统取代人工。Zipcar 公司的租车费用支付方便，公司通过网络寄发电子账单，由会员的信用卡支付费用，所有费用均从信用卡上自动划账，方便快捷。

Zipcar 公司拥有强大的后援技术服务系统，互联网和 RFID 技术是核心的技术保障。会员卡就是一个 RFID（俗称为电子标签）。Zipcar 公司的每辆车都安装了一个镶入式的系统监控器，一边用于和会员卡信息对接，一边用于动态掌握汽车的即时状态。Zipcar 公司的中央 IT 系统租用了北美境内最大的移动运营商之一 Cingular 的无线网络，这样会员卡和汽车监控器就能通过这套无线网络，把一切信息在 Zipcar 公司和每辆汽车之间进行即时的同步交换。

Zipcar 公司完全采用网络操作，无需柜台管理，更不用找人帮忙，Zipcar 公司特别适合拥堵的城市，以一种替代人们自己购车的方式来缓解交通压力。

会员可以随时搜索附近的车辆，使用 Iphone 或互联网就可以让会员进行预订，使用 Iphone 就可以定位汽车，使用 Iphone 或 Zipcard 就可以开车门灯等，完全实现了自助式汽车租赁。

第 5 章 创新绩效

创新绩效是指通过创新活动所产生的组织绩效，如 R&D，新产品或新服务的引入，产品和服务的重大变革，创新的成功率，销售百分比等。绩效可以从感知、价值和态度等方面进行检验，如工作满意度、奖金、培训、工资增长、员工压力等。对任何一个组织来说，绩效都是反映组织生产力的核心指标。关于绩效关注的应该是过程还是结果，过去也一直有争论，但更多的学者倾向于把绩效看成是一个过程，也就是工作行为的本身。如果绩效的决定性因素是结果的话，那么员工就有可能采用最简易的方法完成工作，而忽视工作的方法和质量，同时，考虑工作行为本身可以增强组织发现弱点和错误的能力，使之更加有效和准确。

5.1 创新绩效的衡量

创新绩效衡量是创新管理的一个中心问题。衡量创新绩效，为企业提供了一个认识问题和存在不足的机会，在这些问题和不足逐步扩展之前，就采取正确的方法和行动阻止它的蔓延。绩效衡量还可以告诉创新管理者，如果对绩效衡量的结果不满意，管理者可以改变创新的战略和活动。

5.1.1 创新与组织绩效之间的关系

Deshpande R[⊖]等人根据盈利能力、市场占有率和增长率等指标，以日本公司为研究对象，结果表明创新与组织绩效之间存在着正相关的关系。Dwyer

---

⊖Deshpande R, Farley JU, Webster Jr. FE.. Corporate Culture, Customer Orientation, and Innovativeness in Japanese Frms: A Quadrad Analysis. Journal of Marketing, 1993, Vol. 57 (1): 23 -27.

L 和 Mollor R[㊀]研究澳大利亚公司时发现，实施“技术进攻”型战略的公司的新产品成功率和绩效都比较高。Baldwin J. R 和 Johnson J[㊁]通过对加拿大公司的研究表明，创新对组织绩效的影响非常广泛，包括市场占有率和投资回报率。

关于创新与组织绩效之间的关系，主要有以下四种模式：

1. 创新直接形成组织绩效（见图 5-1）

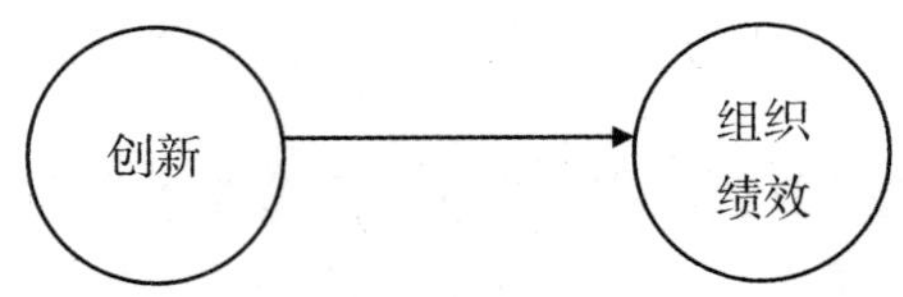

图 5-1　创新直接形成组织绩效

2. 好的绩效是由特殊的创新类型形成的（见图 5-2）

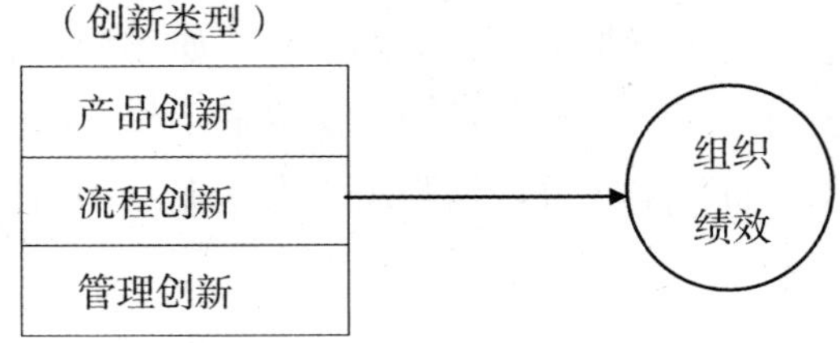

图 5-2　特殊的创新类型形成组织绩效

3. 加上调节变量，创新直接形成组织绩效，如图 5-3 所示。比如创新流程、组织结构、组织环境等对组织绩效都有不同程度的影响。

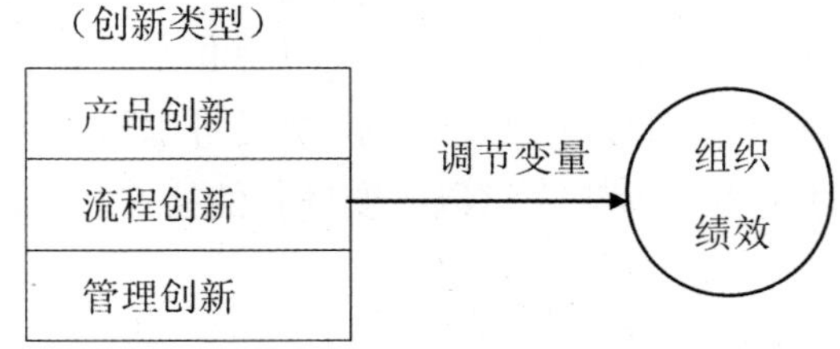

图 5-3　创新加上调节变量直接形成组织绩效

㊀Dwyer L, Mellor R.. Product innovation Strategies and performance of Australian Firms. Australian Journal of Management, 1993, Vol. 18 (2): 159－180.

㊁Baldwin J. R, Johnson J.. Business Strategies in more－and less－Innovative Firms in Canada. Research Policy, 1996, Vol. 25 (5): 785－804.

4. 非直接的创新与组织绩效之间的关系由于中间变量的存在，创新与组织绩效之间的关系并不是直接的，如图5-4所示。比如，创新能力、运行的路径、创新的适合程度等都可能是中间变量。

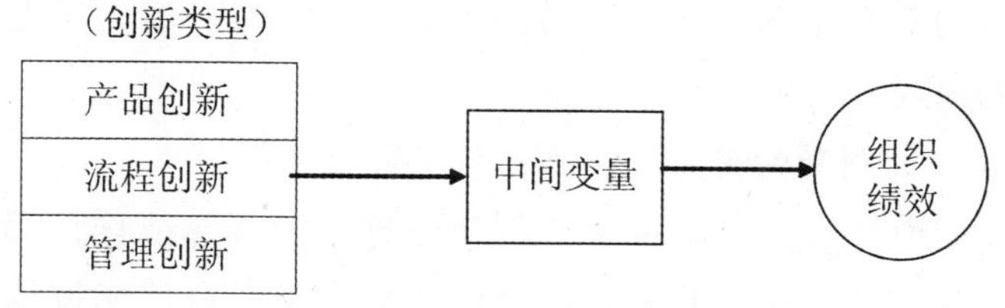

图5-4 非直接的创新与组织绩效之间的关系

Fariborz Damanpour[㊀]等人研究了创新的类型与组织绩效的关系，按照组织采纳管理创新和技术创新的程度，将组织分为以下四种类型，如图5-5所示。

A：采纳管理创新和技术创新的程度都低。

B：采纳管理创新的程度高，采纳技术创新的程度低。

C：采纳管理创新的程度低，采纳技术创新的程度高。

D：采纳管理创新和技术创新的程度都高。

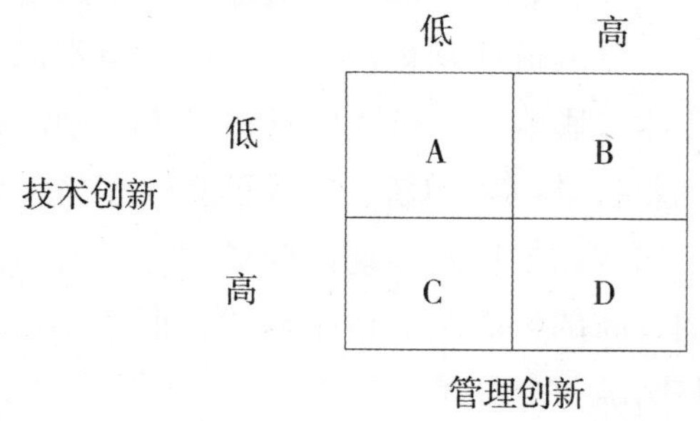

图5-5 组织的分类

根据这种分类，对美国东北部6个州的服务人口在5万人以上的公共图书馆进行了调查，将调查期分为Ⅰ、Ⅱ、Ⅲ三个时间段，结果发现：

1）D类型的绩效平均要比A类型的要高。

2）对于B和C类型的组织绩效，在时间段Ⅱ，B类型的绩效要高于C类型；在时间段Ⅲ，C类型的绩效要高于B类型。之所以出现这样的结果，这和某一时间段内以什么样的创新方式为主有关，也就是说，如果某一时间段

㊀Fariborz Damanpour, Kathryn A. Szabat, William M. Evan. Joural of Management Studies, November 1989, Vol. 26 (6): 587-601.

以管理创新为主，那么管理创新采纳程度高的组织绩效就高。

5.1.2　创新绩效衡量的难度

创新绩效的衡量并不是一件容易的事情，存在着一定的难度，主要有以下几个方面的原因：

1. 没有统一的创新的定义

正如前面所说，尽管人们对于“创新”这个词耳熟能详，都可以对创新提出自己的见解，但实际上并没有一个统一的定义。自从熊彼特提出创新的概念之后，不论是OECD、欧盟还是众多的专家学者都提出过创新的定义，但都不完全一致，特别是在有些内容方面还比较模糊，存在着一定的争议。比如说，创新的本质是“新”，但如何衡量“新”呢？某些东西可能是老的，但对于企业来说是新的，“新”可以表现为激进的新思想，也可能是渐进的变化，而渐进的变化就很难明确和衡量。

2. 创新是一个过程

创新绩效之所以难以衡量，其中一个重要原因就是创新本身就是一个复杂的过程。这个过程当中，有很多因素都对创新产生影响，而这些影响的程度、时间等都不相同，有的可能从创新一开始到结束都起作用，有的可能只是在创新的某个阶段才有影响，但这些因素都必须在创新绩效的衡量中予以考虑。而且同样是创新，是原始创新、集成创新，还是模仿创新，其衡量的方法都不可能是一样的。比如创新周期的问题，每个创新都有不同的时间周期，到了一定的时期，新的创新又会产生而代替旧的创新，但有的创新时间周期很长，甚至很难明确一个时间节点。

3. 有些创新难以定量评估

有些创新可以采用定量评估的方法，如生产率或利润率等，但有一些却难以定量。比如，一些医疗或药物方面的创新，确实提高了人们的生活水平和质量，但对人们的生活水平和质量如何影响的，就很难量化。

以制造业和服务业为例：

首先，与制造业的创新相比，服务行业的创新绩效更难衡量，主要是因为：①服务行业的产品和消费之间的相互作用更加紧密，这就使得服务行业的产品创新和流程创新难以明确区分；②信息含量高的服务往往是无形的，这就使得明确创新本身都变得困难；③在服务产品中，人力资源所占的比重较大，所担任的角色也逐渐增多，因此人的主观意识和活动对客观评估创新绩效会产生一定的影响。

其次，创新对制造业和服务业的绩效影响是不同的。Daniel I. Prajogo㊀将创新的数量、创新的速度、创新的水平和进取精神（包括市场中的“第一次”）作为衡量组织绩效的四个指标，并将创新分为产品创新和流程创新，在对1000名随机抽样的经理调查访谈后发现：在制造业中，创新与组织绩效之间的相关性要强于服务业；对于制造业来说，运用最新的技术和早期进入市场对组织绩效有显著影响，而服务型企业的盈利点主要来自于他们引入市场的新产品的数量。

最后，相对于制造业，服务业的创新对组织绩效的影响更加长远，但被顾客接受需要一个较长的过程。

5.1.3 创新绩效衡量的方法

1. *方法之一*

（1）产品或流程的新奇和新颖性　创新的本质特征之一就是“新”，因此用新奇和新颖性来衡量绩效是应有之意，也是很多专家学者和企业家实际运用的方法。

（2）创新速度。这里，创新速度是指两方面的内容：一是指开发和引入新产品所需要的时间周期。在产品生命周期变短、以月为单位计算的当今时代，以更好的新产品代替旧产品的能力变得日益重要，这就给企业带来了巨大压力，不仅要开发和引入新的产品，还要比竞争者的行动更快。二是指企业吸收行业中的新技术的早晚程度，尽管面临比较大的风险，但越早接受新技术，企业就越早获益。

（3）创新的一致性和连续性　特别是对于一些开发世界级产品的大企业来说，为了保持竞争优势，他们会持续创新，持续引入新产品到市场。

2. *方法之二*

创新绩效衡量的具体指标包括：①效果，可以用利润率和利润的增长来衡量；②回报，可以用利润和投资的比率来衡量；③成功率，可以用预测的与实际成功的创新思想的比率来衡量。

3. *方法之三*

创新绩效衡量的第三种方法是基于客户的标准、财务标准、技术标准的。

4. *方法之四*

（1）创新输入　指标有R&D经费占销售额的比重以及对创新的总投入。

㊀Daniel I. Prajogo, Pervaiz K. Ahmed. Relationships between Innovation Stimulus, Innovation Capacity, and Innovation Performance. R&D Management, 2006, Vol. 36 (5): 499－506.

（2）生产能力　指标有创新战略、创新补贴的使用、市场研究、客户满意度、与其他企业以及研发机构的合作等。

（3）创新输出　指标有新产品的销售额所占的比例。

5. *方法之五*

（1）结果衡量　这种方法关注的是商业结果，如销售额或利润率、股票价格等，但单独使用结果衡量的方法有明显的不足，因为这些指标都是滞后的数据，只是衡量企业过去的成绩，不一定有预见性。

（2）过程衡量　过程衡量是衡量创新绩效的先导指标，能够告诉企业管理者将来应该怎么做，而不是评估企业过去做得如何，如正在进行的创新项目的数量、获得资助的创新思想的数量、进入市场的平均时间、每年的专利申请数量、CEO对创新的投入等。过程衡量的方法用得比较多，但也有其难处，因为很难找到正确的先导指标，同时如果过多地把重点放在过程衡量上，很有可能产生相反的结果。比如，如果把每年的专利申请数量作为先导指标的话，就会刺激企业的专利活动，但大量的研究和实践表明，很多专利并没有专利价值。所以奖励专利申请实际上却降低了盈利能力，而且容易产生混乱。创新绩效的衡量如表5-1所示。

表5-1　创新绩效的衡量

创新的类型		预期的总收入	实际总收入	收入差	预期的总成本	实际总成本	成本差	预期总利润	实际总利润	利润差
突破性创新	创新A									
	创新B									
	创新C									
渐进式创新	创新A									
	创新B									
	创新C									
合计										

5.1.4　创新绩效衡量的指标

创新的形式和类别有很多种，不同的创新方式对企业的影响也不相同，因此衡量创新绩效也就有不同的指标和维度。衡量创新绩效不可能是单一指标或单一维度，而应该是多个指标或维度的集合。

1. *指标体系一*

创新绩效的关键绩效指标（Key Performance Indicators，KPI）包括：①投

资回报率；②利润率；③销售额和销售增长；④资金偿还和偿还期；⑤现金流；⑥客户满意度；⑦客户保持率；⑧劳动生产率；⑨产品和服务的质量；⑩前置时间；⑪交货的可靠性和速度；⑫加工时间；⑬员工发展；⑭员工知识。

当然 KPI 也并不是全面的，而且在不同行业其可靠性和重要程度也不一致。比如，投资回报率就是一个延迟的指标，可能需要创新结束后一年甚至几年后才能获得，还有一些指标也很难与其他企业作比较。一般来说，在制造业中，销售额和销售增长、利润率和客户满意度是最常用的指标；在非制造业中，产品和服务的质量、销售额和销售增长以及员工发展是最常用的指标。

2. 指标体系二

（1）财务绩效　该指标如税收增长率、净利润率、投资回报率、每股收益率、现金流、市场占有率等。

（2）组织效率　该指标是指解决企业的发展障碍以实现目标。

（3）组织绩效　该指标除了财务绩效以外，还包括产品的市场占有率和产品质量。

（4）人力资源标准　该指标如每名员工创造的平均资产、每名员工所形成的平均利润率。

（5）其他非财务指标　员工与客户满意度。

3. 指标体系三

（1）所资助的新思想的数量　该指标考虑的是新思想能够让企业产生多大的兴趣，以致企业愿意拿出资源来实现它。

（2）投资回报率　该指标主要是追踪创新项目的预期回报水平。

（3）处于高级职位的创新者（CEO 的投入）　在企业或部门中，有多少创新者处于高级经理的位置，CEO 是否在创新方面真正花了他重要的时间，这是为了鼓励创新者长期的成功。

（4）长期的关注客户　这是基于结果的一种衡量，目的是为了刺激企业更加关注提高顾客的忠诚度，也就是说要培养出粉丝，而不仅仅是客户。

4. 指标体系四

（1）创新在某领域的相对重要性　该指标可以由创新所在领域的高级专家给出创新的价值等级，也同时衡量了创新的原始性。

（2）社会影响　该指标用来衡量创新对社会的影响，一般来说，它描述了创新型产品对社会的有用性。

(3) 实现创新所需要的时间　该指标包括创新的思想转化为现实所花费的时间以及保护由创新产品所形成的合法契约的时间，如专利。

(4) 所花费的资金　该指标包括两方面：一方面是实际创新活动的费用；另一方面是用在相关法律文书方面的费用。

(5) 参与的员工　该指标指对创新做出贡献的员工数量，可以按学历或职称进行划分。

(6) 面向社会的雇用和学习机会　该指标指由创新所产生的雇用和学习机会。

(7) 组织的路径　该指标指组织培育有利于创新活动的环境的能力。

Becheikh N. ㊀(2006) 等人研究了 108 个关于衡量创新绩效的案例，发现有 24% 的采用企业调查的方式，25% 的采用创新数量的方式，18% 的采用专利注册的方式，15% 的采用创新指标（教育、专利、基础设施等）的方式，6% 的采用研发经费支出的方式，8% 采用其他的方式，还有 4% 没有打算衡量创新绩效。

还有一些通常使用的输入性指标来衡量，最常见的就是企业的研发经费支出，它表示企业对于创新活动的参与程度，但在实际中也有一定的局限性，因为并不是所有的研发活动都能导致创新。比如，有些创新就是来自于创新者的灵感，而且研发经费支出与创新活动之间总有时间差，不可能时时记录和追踪研发经费的使用情况，况且中小企业并没有像大企业那样有正式的研发结构。

还有专利统计，很多研究都把专利统计作为创新的输出性指标，但实际上应该是输入性指标，最多也只能是“中间产品”，因为专利注册是用来衡量发明的，而不是用来衡量创新的，一项发明是否最终能够成为创新，需要经过商业化过程，而且也不是所有的发明多能够专利化。

5.1.5　智力资本与创新绩效

智力资本是指能够为企业创造价值的共同的知识、信息、技术、知识产权、经验、组织学习和竞争力、团队沟通体系、客户关系和品牌的总存量，也就是能够为企业创造价值和竞争优势的无形资产和能力。

㊀Becheikh N. , Landry R. , Amara N. . " Lessons from Innovation EmpiricalStudies in the Manufacturing Sector: A Systematic Review of the Literaturefrom 1993 - 2003". Technovation, 2006, Vol. 26: 644 - 664.

一般来说，智力资本包含员工资本、结构资本和客户资本。

员工资本是指员工的经验、技术和能力的总和，是组织文化和创新的源泉，企业的目标之一就是要拥有自己的能够产生利润的员工资本。

结构资本是指企业的组织类无形资产，包括企业的领导力、战略和文化、管理制度和措施、品牌形象、专利等，每一个企业都有自己独特的结构资本。

客户资本是指企业与客户之间的关系，包括客户库、营销渠道、服务力量、客户忠诚等，任何一个与客户有关的企业都有客户资本，在所有的智力资产中，客户资本最具有价值。

一个企业拥有更多的知识资本，就会拥有独一无二的竞争力，也就能获得更好的创新绩效，从而进一步提升它的创新能力，研究表明，创新绩效与员工资本、结构资本和客户资本之间存在着显著的正相关。从对企业重要性的程度上说，客户价值最重要，员工资本次之，最后是结构资本。

5.2 案例

苹果公司的创新经验

全球市场有很多失败的企业，他们给自己的定位是要更具创造性，但却无法实现这个愿望。即使像那些颇有成就的创新组织，如数据器材、泛美航空公司和宝丽来公司，他们曾经作为行业内最具有创新领导能力的公司，但是也因为不能保持长久的创新而宣告失败。所以持久的创新是很难实现的。

十多年来，大家都将苹果作为最具有创意公司的典范。iPhone、iPad 和 iPod 不仅改变了整个行业，也改变了人们的生活方式。在过去几年里，苹果公司确实是因为创新的成功而引领其在市场上的成功。iPod 作为苹果公司开始跨入主流个人计算机市场之外的市场的开始，引发了新的音乐生产和扩散方式，并引入点播替代传统的商业电台。这是一个创新的成功案例，从开始到结束，苹果团队只用了 8 个月的时间，所以显而易见在这个创新过程中有很多值得学习的地方。

1. 从错误中吸取经验教训

由于对市场的错误评估，曾经使苹果公司承受了很大的经济损失，这也使公司充分意识到，必须改变现有的营销方式和技术，完全重新考虑进入市场的方式，并从失败中总结教训，把失败作为跳板，争取新的创新。

2. 应用新技术

在创新过程中，仅有态度和精神是不够的。在当时的形势下，苹果公司需要真正的技术，所以当乔布斯在组建 iPod 创新团队时，他充分考虑各种人才，并最终选用了在硬件、软件、设计方面最好的人。将这些最优秀的人组成一个团队，并赋予他们去改变世界的使命，可以促进彼此的竞争，引导他们以最好的水平在团队中发挥作用——因为谁都不想成为“第二好的”。

3. 从外界寻找创意

真正使 iPod 不同于其他 MP3 播放器的原因既不是软件、硬件，也不是设计——当然这些也都是世界领先的。iPod 的不同之处在于用户访问、下载、存储和上传音乐及点播的方便性，其他的播放器都做不到这一点。然而苹果公司的这个创意不是来自内部，而是来源于外部的人——托尼法德尔。苹果公司发现了这个人才，虽然寻找一个能够给公司带来创意却不属于公司的外部人才有多么的困难，但公司与他签订了 8 个月的合作合同。这不需要建立长期的雇佣关系，也不需要忠诚，仅仅是关注别人的好创意。

4. 创新工作区

一旦团队创建成功，史蒂夫·乔布斯就为他们提供一个共同的工作空间。在这里，工作空间与职位无关，共同的空间为他们有效地、快速地对话和交流创造了条件。设计小组的工作场地可以用“最小限度的私人空间”来描述——没有房间或办公室，实行开放的办公环境，这可以孕育创造力并促进思想的自由发挥。发挥创新思想，空间设计是非常重要的。

5. 界定领导范围

当谈论苹果公司及产品时，就不能不提到史蒂夫·乔布斯。他对创建公司的价值观起到极其重要的作用，最终也对公司品牌有着重大影响。那么，乔布斯在 iPod 创新过程中扮演了什么角色呢？乔布斯创建了一流的团队之后，只是告诉了他们雄心勃勃的、清晰的愿景。他对团队提出的要求是：产品可以容纳 1000 首歌，并可以携带在口袋中，软件要求简单易操作以至于妈妈级别的人都可以用，8 个月之内要在零售网点提供完成的产品以供销售。这些目标的精髓之处就在于他们足够简单明了，足够准确，同时范围广泛，这样团队可以不受限制地去自由发挥，充分思考。创新领导者必须提出清晰的目标来组织一个团队，同时还不能限制团队人员的能力。

6. 充当“警察”和“拉拉队队长”的角色

尽管参与了这个项目，但事实上乔布斯并未太多地干涉 iPod 项目的创新过程。乔布斯很明智地组织创建了一个高技术的团队，并让每个人在这个团队中充分发挥作用。在这个过程中，乔布斯扮演了拉拉队的队长角色。他将这种态度植入团队每个人心中，那就是：苹果公司的胜利也是他们个人的胜利。另外，在鼓舞团队的过程中，他还扮演着警察的角色，确保团队坚持根本的目标。

7. 脚踏实地

苹果公司的另一个产品 iPhone，正在重新定义着手机。然而，由于苹果手机用户的信号接收出现了技术故障的问题，这种创新就变成了对苹果公司的威胁。乔布斯的反应显示了他的领导能力与苹果公司真正的文化价值是非常相符的——作为一个公司，要不停地促进世界向前发展。乔布斯向公众表态："我们会很快修复好 iPhone 的这个小问题"；对同类竞争者，他的态度是"如果你可以，那就赶上我们"。

第 6 章

创新文化

要么创新，要么死亡，这已经成为很多企业的生存法则。对于任何一个企业来说，创新最重要的驱动之一就是企业的文化，文化对于创新是一个重要的决定因素。对于不支持创新的文化来说，企业可能是他们过去成功的受害者。因为老的理念总是在发挥作用，不断带来收益，尽管这种收益每年越来越少，但企业只看到了眼前的利益，缺乏创新的动力。创新成功的关键因素来自两个方面：一是战略；二是文化。战略是创新实施的路径、方法和要实现的目标；而文化则是支持创新的软环境，因此即使有一个好的创新战略，而没有支持这个战略实施的文化，创新也很难获得成功。

战略和文化的共同运行是非常重要的，很多人认为只要投入大量的研发经费，就一定会产生令人满意的绩效，但事实并非如此。博斯公司（Booz&Co）连续 7 年对研发费用与创新绩效之间的关系进行了研究，2011 年的研究结果表明，公司在研发方面的花费与公司总体的财务绩效并不相关，但是创新战略和文化对财务绩效却有强烈的影响。

文化具有异质性，不太可能有两个企业的文化完全一样，也没有一个单一的和正确的文化，只要企业的文化能够促进创新战略，对企业来说就是合适的。

变革是经常性的，对个人来说是不安的，但是一个稳定的文化和一套价值观能够增强个人的创新能力，它能使员工对他们所做的感觉更好，所以可能会更加努力地工作。

6.1 组织文化与创新文化

6.1.1 组织文化的定义

组织文化被认为是最能够刺激组织成员创新行为的因素之一。一般来讲，组织文化是指共同的假设、价值和标准，它是持续竞争优势的源泉，是组织效率的关键因素。组织文化也会通过员工的行为和举止反映出来。组织文化在社会化过程中主要的作用是传递，而不是有目的的学习，因此它不是简单地由管理决策而实现的。组织文化是实施组织变革的重要媒介，不是所有的组织变革都涉及创新，但所有的创新都涉及变革。

组织文化的定义很多，比如：

Schein E. H. ㊀认为组织文化就是指一个群体在处理外部适应和内部整合的问题时，该群体所共享的模式，该模式运行良好而且被认为是有效的，同时它也用来教新的成员以正确的方法来感知、思考和感觉相关的问题。

Colquitt A. C. ㊁等人认为组织文化是组织中形成员工态度和行为的有关规则、标准和价值的共享社会知识。这个定义表明了组织文化是通过员工之间的相互作用而实现的。

Eldridge J. E. T. ㊂认为组织文化是指标准、价值和行为方式的独特的结构，以个人和群体组合在一起把事情完成的态度为特征。

Cameron K. S. ㊃等人将组织文化分为活泼文化、家族文化、市场文化和层级文化。

活泼文化的重点是灵活性、变化和外部导向，要努力成为市场的领导者，其关键价值在于创造力、企业家精神和承担风险。

家族文化的重点是灵活性，但关注组织内部，其特征是团队合作、员工参与和企业对员工的承诺。

市场文化的重点是关注外部，其核心价值是生产力和竞争力。

层级文化的重点是关注内部，其主要特征是效率、合作、严格遵守规章制度。

不管组织是否自觉地认识到，每一个组织都有自己的文化。创新文化能够支持创新容忍一定的风险、支持变革、对新的思想持开放的态度，并且影

㊀Schein E. H.. Organizational Culture and Leadership: A Dynamic View, 3rd ed., 2004, Jossey - Bass, San Francisco, CA.

㊁Colquitt A. C., Lepine J. A., Wesson, M. J.. Organizational Behavior: Improving Performance and Commitment in the Workplace. McGraw - Hill, 2009, New York.

㊂Eldridge J. E. T., Crombie A.. A Sociology of Organizations. Allen & Unwin, 1974, London.

㊃Cameron K. S., Quinn R. E.. Diagnosing and Changing Organizational Culture: Based on the Competing Values Framework. Addison - Wesley, 1999, Reading, MA.

响人们思考得更加深远。在这种文化中，信任是关键，因为信任能够促进合作。谷歌公司的创新文化是非常有特色的，该公司向来以对风险采取开放的态度和容忍失败而著称，正如该公司董事会主席埃里克·施密特所说："请失败得快一些，以便你可以再试一次。"公司鼓励每一名员工将时间花费在他们自己的创新思想上，而这些创新思想都是受到欢迎并获得支持的，公司的管理层希望所有的员工要独创性的思考。

6.1.2 创新文化的定义

创新是变革的发动机，变革虽然存在着不确定性，但也能创造机会，阻止变革是非常危险的。当然简单地说创新是不够的，需要付出具体的努力，而创新文化就是创新的主要决定因素。

创新文化也可以从多维的环境角度来观察，包括创新的意图、支持创新的基础结构、影响市场和价值取向的行为以及实施创新的环境，如图 6-1 所示。

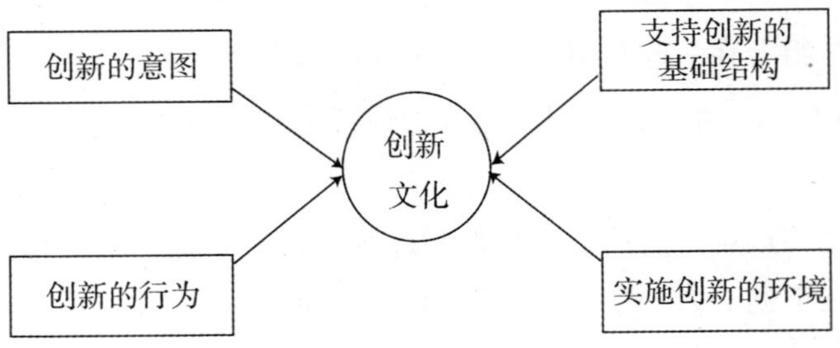

图 6-1 创新文化的多维观察

创新文化的发展演变，就像所有从现有状态向另一个状态转移一样，是一个逐步变化的过程。创新也可以说是某一种特殊的状态（环境），凭借这个状态（环境），通过应用一些不同的事物以提升某一类别的价值，也就是说创新与其他变化的不同之处就在于它的目的是创造价值。

Higgins I. M ㊀用公式表达出了组织文化的重要性：C + OC = I，C 代表创造力（Creativity），OC 代表组织文化（Organizational Culture），I 代表创新（innovation），也就是说，创造力加上正确的组织文化，其结果就是创新。

㊀Higgins I. M. Innovate or Evaporate：Creative Techniques for Strategists. Long Range Planning，1996，Vol. 29（3）：370－380.

Dobni C. Brooke[⊖]认为创新文化是一种多维的环境，包括创新的意图，创新所需的基础结构，影响市场和价值导向所需的操作层面的行为，实施创新的环境等。

创新文化可以从以下四个层次来分析：

（1）极微观层面　它是指关于个人特征。

（2）微观层面　它是指组织自身的特征。

（3）中观层面　它是指组织运行环境的特征。

（4）宏观层面　它是指国家（名族）的特征。

在一个企业里，支持创新的文化对于企业的发展是非常重要的，这一点毋庸置疑，根据博斯公司 2011 年对全球创新 1000 家公司的研究，与不具有支持创新的文化的公司相比，支持创新的公司利润增加了 17%，公司的价值增加了 30%。

创新文化决定竞争力。创新文化反映出当前企业的能力和制度关系。具有创新文化的企业（创新型企业）的特点是：

（1）分享共同的文化特质。

（2）是包容的，不管新的思想在企业的哪个地方出现，企业都会发现并实现它。

（3）在创新过程中展现出灵活性。

（4）为了适应市场的快速变化，加强与伙伴的合作。

（5）有正式的、结构性的流程以鼓励和检验创新。

（6）培养完整的创新文化以使创新思想不断涌现。

（7）员工在一定范围内自由地决策，培养承担风险的意识。

而不具有创新文化的企业（非创新型企业）的特点是：

（1）自上而下的导向而很少或根本没有个人的授权。

（2）对创新结果急于求成。

（3）阻止适当地承担风险。

（4）对错误进行强烈的惩罚。

（5）对作出的决策不作解释。

⊖Dobni C. Brooke. Measuring Innovation Culture in Organizations. European Journal of Innovation Management, 2008, Vol. 11 (4): 539 – 559.

6.2 文化准则与创新

6.2.1 与创新文化相关的主要因素

1. 组织的气候

组织的气候可以从以下四个维度来考察：

（1）人际关系的特性　比如人际关系是信任的还是不信任的，是互惠的关系还是竞争的关系或是合作的关系，个人感受到公司对他是否重视。

（2）层级的特性　决策是由权力中心作出的还是通过员工参与作出的？有没有团队合作精神？一部分人是否享有特权？

（3）工作的特性　工作是有挑战性的还是枯燥无味的？企业是否提供工作的灵活性？企业是否给员工提供足够的资源？

（4）支持和奖励　如何评价绩效和进行奖励？什么样的计划和行为会得到支持？是奖励工作完成的数量还是质量？雇用人员的出发点是什么？

气候与文化的概念非常接近，但不相同。在实际中，气候是能够被观察到的，而文化是看不见的，是作为控制行为的认知模式而存在，文化是在更深层次上运行。举例来说，某公司为员工专门设置一定的时间来开展创新型工作，为了支持这一点，公司提供了专门的种子基金，鼓励个人积极参与，那么公司的支持和实践活动就是气候，而员工通过这一点感受到了高层管理重视创新就是文化。

2. 员工

员工在组织文化中扮演着重要角色，组织需要考虑到不同类型的员工在推进创新活动中所产生的效用是不一样的。

（1）创新型员工　创新型员工拥有广泛的兴趣、容易被事物的复杂性所吸引、精力充沛、独立的判断能力、很好的直觉、自信等特质。

（2）员工的认知能力　员工的认识能力包括善于联想、表达流畅、构思能力强等。

（3）员工的动机　员工的动机包括内在动机和外在动机，其中内在动机是创造力的关键驱动者。

（4）员工的知识和技能　员工个人的知识和技能会影响创造力，但这些知识和技能既能产生积极的影响，也能产生消极的后果。从积极的方面来看，知识和技能可以提供创造新产品的能力；从消极的方面来看，如果知识和技能太过专一，可能接受新的知识和技能的难度会加大，最终会束缚创新观点的提出。对组织来说，应该吸引和接受与组织自身风格相匹配的员工。组织文化一旦形成就很难改变，因为已经在组织里的员工可能拒绝接受新的认知风格。如果强迫改变，那些老员工就有可能选择离开。

3. 组织结构

一般来讲，有机的组织结构比机械的组织结构更能增强创新。

有机的结构：规则的自由、积极参与、很多新的思想得到关注和支持、面对面的沟通、打破部门之间的壁垒、关注创新型的互动和目标、没有层级概念等。

机械的结构：严格的部门分离和功能的专门化、分层级的、很多规则并设定了相关程序、正式的报告、决策链条太多并且决策效率低、通过书面文字进行沟通、大量的信息向上流动而指令向下流动等。

4. 企业哲学观

即使没有上级的指导，一个明确而又清晰的企业理念也能使员工个人在完成工作的过程中，主动加强协作。如果正确地阐述和表达企业的哲学观，那么会对创新提供积极的优势：①能够运用哲学观指导行为和决策；②哲学观表达了组织的文化，能够帮助员工解疑释惑；③通过激励员工和激发感情，对组织的绩效有所贡献。

5. 企业领导者

为了建立成功的、可持续的创新文化，企业领导者至少需要完成两项重要的任务：①领导者需要对他们周边的环境保持高度的敏感性，同时也要清醒地认识到领导者自身对环境的影响；②领导者接受和处理模糊性的能力。创新存在一定的模糊性，容忍模糊性就允许有承担风险的空间，与低创新型企业相比，高创新型企业的领导者具有以下特点：

（1）高层管理者对创新有资金和感情的投入。

（2）高层管理者确保对创新市场作出真实而又准确的评估，高创新型企业与最终用户非常密切，而且能够准确地评估潜在的需求。

（3）高层管理者确保创新项目能够得到组织内部的支持。

（4）高层管理者确保每一个创新项目在实施之前，能够经历仔细的筛选。

高层管理者对于促进创新还是阻碍创新都起着关键性的作用。当然领导者对于创新文化的形成与影响，不仅在于他们怎么说，重点还在于他们如何做。只有当员工看到了自己身边所发生的一切，看到了所有推进创新的实践，他才能真正将创新的理念内在化。

6. 授权

授权是领导者调动员工创新积极性的最有效的方法之一，领导者的支持和承诺，再加上授权，就能够给员工承担创新任务的自由，产生工作所需的能量和热情，员工也能根据自己的实际情况开展创新活动并完成任务。但是即使授权，很多创新者也不得不面对来自各方面不同的声音，甚至是质疑，如成本太大；过去从来没有用那种方式做事；如果是有利的，为什么以前没有人考虑过等。同时如果授权运用不当的话，造成的后果可能还会比不负责任更加严重，甚至发生混乱。

因此，为了运用好授权，促进创新绩效，还需要解决好授权的几个问题：

（1）建立明确的行动边界　对员工来说，他需要知道为了实现目的，他能够被授权到多大程度，因此企业通常需要通过明确定义行动和优先权来确定行动的边界。

（2）明确风险承受能力　员工需要知道他们能够安全承受风险的程度，这有助于他们明确在授权的方式下，允许他们行动的空间，同时也明确了如果他们对目标任务的完成表现出低效率，应该受到什么样的惩罚。如果员工不知道自己能够承受多大程度的风险，那么员工就可能不愿意进行尝试和创新。

（3）购买参与　员工对创新的参与并不仅仅是自我产生，高层管理者需要设计出一套组织方式去购买员工的参与。参与需要情感激励，也需要一些创造参与可能性的基础，比如组织的设计和布局要创造一个物理环境来增进相互之间的交流等。

（4）责任　授权存在的一个普遍问题是，在鼓励人人参与到跨部门的创新流程中，容易忽视每个人的责任。不受限制和控制的授权一定会引起混乱。因此管理者在授权的同时一定要明确责任。授权看上去好像是一个非结构化的流程，但实际上是对个人创新自由裁量权和责任的明确规定。

（5）行动导向而不是官僚主义导向　要确保创新的流程顺利，管理者就必须确保没有压制创新的官僚主义瓶颈。其中一个主要问题就是不假思索地批准或者事事都需要报告的官僚程序。如果存在这个瓶颈，绝大多数员工的创新积极性就会受挫。在很多情况下，员工的创新精神不是问题，而主要的问题就在于组织的结构和流程过于繁重和笨拙，因此管理者必须通过，重新设计组织结构和流程以消除官僚主义和组织程序方面的障碍。

6.2.2 促进创新的文化准则

很多组织都具有生产效率比较低但却很舒适的文化。比如，家长式作风的文化，高层管理者关心员工，员工也允许避免一些责任，决策由上面作出，方向由上面来指明，企业希望员工服从权威、尊重权威，与权威保持一致，员工关心的就是分配给他们的任务，当然这种文化是不太可能促进创新的。

还有一种文化是高度个人主义的，每一个人都自由地做自己的事情，在这种组织里，基本上没有什么边界，对个人也缺乏尊重，因为每个人更多的是关注自己的发展、工作任务和目标。员工不分享思想，沟通也是有限的，管理也相对较弱，同时权威也受到拒绝。在这种文化中，可能会失去很多创新思想，但可能在创新中也会有一些团队合作。

第三种文化是基于团队的。在这种组织中，每一个人都被假定是团队的一分子，具有很高的一致性。如果你不与你的团队保持一致，你可能就会被孤立。这种组织运用团队来实现目的，而并不是因为工作确实需要团队，也就是说，运用团队是工作的一种方法，这同时也意味着大量的会议、沟通和协作。运用团队这种形式将个人的能力和思想进行集中，在个人、团队和存在于他们当中的权威三者之间建立平衡。这种文化的关键之处在于：①所有的决策都基于明确的目标；②人们认识到帮助别人开展创新活动是他们工作的一部分；③人们愿意分享思想；④每一个人都成为团队或群体的一部分；⑤试验被认为是有价值的，而且从个人到组织都对试验有期望；⑥错误被认为是可以学习的教训；⑦人们相信他人会倾听自己并从自己身上学到东西

什么样的文化才能促进创新？答案就是要依靠被组织广泛接受和拥有的文化准则，也就是说，如果文化的准则是正确的，而且广泛的共享，那么文化就能促进创新，反之就会阻碍创新。

促进创新的文化准则具体包括：

1. 挑战和自信

这一文化准则是指员工参与日常运行的程度，主要表现在：不会纠缠过度的精度、关注结果、实现员工的承诺、评价完成的工作、期望并欣赏努力的工作、渴望把事情做完、避开官僚主义等。

2. 自由和承担风险

这一文化准则是指员工在执行工作任务时的界限，主要表现在：试验的自由、挑战现状、期望创新是工作的一部分、失败的自由、承认错误、不因过错而受到惩罚等。

3. 活力和未来的定位

这一文化准则是指组织积极活跃的程度，主要表现在：忘掉过去、不把关注点放在短期行为上、推进改善、授权、关注质量等。

4. 外部定位

这一文化准则是指组织对客户和外部环境的敏感程度，主要表现在：采纳客户的观点、建立所有的外部关系（包括供应商、分销商）等。

5. 信任和公开

这一文化准则是指员工在工作关系中情感安全的程度，主要表现在：公开的沟通、更好的倾听、接受批评、横向思维、理智上的诚实等。

6. 辩论

这一文化准则是指员工感觉到的积极辩论问题的自由程度以及少数派观点能够比较容易表达的程度，主要表现在：希望和接受冲突、接受批评、不过于敏感等。

7. 跨功能的相互作用和自由

这一文化准则是指跨功能的相互作用受到支持和鼓励的程度，主要表现在：团队合作、实行预算、功能上的灵活性、管理相互依赖的工作等。

8. 领导的投入和参与

这一文化准则是指领导层表现出的真实的投入而不仅仅是口头承诺的程度，主要表现在：最高管理层的投入、说到做到等。

9. 奖励和鼓励

这一文化准则是指对成功的激励程度，主要表现在：有价值的思想、高层管理的注意和支持、尊重最初的想法、庆祝成功等。

10. 创新的时间和培训

这一文化准则是指给予员工开发新思想和新能力的时间和培训，主要表现在：资源充裕、资金预算、持续地培训、鼓励横向思维、鼓励技能开发等。

11. 企业识别与统一

这一文化准则是指员工认同企业以及企业的哲学、产品和客户的程度，主要表现在：自豪感、愿意共享企业的信用、消除矛盾的信息、共同的愿景、凝聚共识、相互尊重和信任、关心组织等。

6.3 创新文化的构建

每一个人都会影响组织，管理者和领导者对文化的影响比他们自己认为的还要强烈。每个人影响组织和文化的程度取决于其行为和举止。尽管创新的必要性已经被广泛地接受，但领导者必须明白，要使企业能够持续创新，就必须培养创新文化。不可否认，创造能力与人的遗传因素有关，从某种意义上说，人人都有创造能力，但创造能力如何开发和发挥作用，却与一个人的好奇心和创新需求所处的环境有关，历史上就有很多有趣的事例。比如，为什么历史上欧洲在一个世纪就出现了大量的音乐家，如汉德尔、莫扎特、肖邦、威尔第、门德尔松、德彪西等；为什么在文艺复兴时期产生了伟大的艺术家和雕塑家，为什么澳大利亚盛产优秀的网球运动员，而美国拥有众多的篮球和棒球运动员，这说明很多类型的人才包括创新人才都包含在大多数人群当中，只不过环境起了重要的推动作用，而环境又与文化紧密联系在一起的，因此要营造有利于创新的文化，创新人才才有可能发挥出他的创造能力。

有些企业之所以不愿意创新，担心会对现有的产品和市场产生负面的影响，因此在面对可能新增的商业机遇时，企业会变得小心翼翼，而更多的是保持现有市场的安全（柯达的例子）。如何打消这种顾虑，管理者应从以下几个方面予以考虑。

6.3.1 激励

1. 培育内部市场以鼓励良性竞争

内部市场可以各种形式发挥作用，如鼓励员工提出各种创新思想，最好的可以获得种子基金；进行商业化辩论，鼓励研究团队从不同角度提出模型，以吸引所需要的资源；鼓励平行的业务单位开发有竞争性的产品等。

2. 充分授权给创新领头人

比如谷歌公司建立了联合产品经理计划，选择潜力大的员工，有时甚至是刚出校门的学生，公司为他们提供导师和管理训练。同时个人也承担很多责任，如负责新产品的发布等。

3. 成功导向

企业要时刻引导员工实现成功，达到胜利的彼岸而不是挫折和失败。引导成功并不是不允许失败，因为失败本身就是创新的组成部分，一切围绕成功而不会因为失败而受到严厉的惩罚，才能持续地激发员工的创新积极性。

4. 经常询问有挑战性的问题

来自管理者经常性的有挑战性的问题，也是激发创新人才创新能力的重要源泉。因此创新人才的特征之一就是喜欢挑战，愿意承担风险。管理者要知道提问的方法和技巧，了解不同类型的问题，也要根据不同人才的特点提出有针对性的问题，但不管如何，这些问题要有挑战性，能够刺激创新人才的神经，引发他们的思考，如果管理者的问题一般化、平淡化或总是些陈词滥调，创新人才是不会有兴趣的。

5. 鼓励反馈

在组织当中，应该建立相关的反馈机制，以便管理者了解员工完成某一项目后，它的效果如何。比如，当一个项目从研发转移到制造阶段，制造部门应该提出建设性的反馈，以便有关人员了解研发的成效如何，下一次做得更好。

6. 正确对待错误

创新文化一旦形成，管理者就应该尽最大努力去保持。如何对待错误，这是保持创新文化至关重要的因素。错误应该被认为是学习的机会，当一个项目没有成功，人们需要讨论在这个过程中哪些做得有欠缺，下一次做到更好。如果一个关键人才离开了组织，管理者就应该尽量去了解这其中的原因，同时也要研究如何保持现有人才队伍的稳定。最大的错误不是发生错误，而是掩盖错误，特别是对于管理者来说。

6.3.2 尊重

1. 忽视性别

在同一个企业里，不论男女，大家都是同事，都有为企业发展应尽的责任。随着社会的进步，性别的差异在人们的脑海中逐渐淡化和模糊，但也不排除有些企业的管理者仍存在着性别差异的观念，认为女性员工关注安逸的多，缺乏创新意识和创新能力，但在创新的历史上，巾帼从来不让须眉，在21世纪，管理者更不能戴着有色眼镜在主观上有意识地判定性别在创新方面的差异。

2. 没有行为上的歧视

创新人才不同于一般的人才，其思维和行为与一般人也有所不同，有的甚至还难以让人接受，正如历史上很多人把“天才”与“疯子”联系在一起，不少发明家、科学家行为举止都很怪异，但尽管这样，管理者还是要有包容的心态和宽阔的胸怀，平静地对待，而不能因为他们与众不同的行为而歧视他们，忽视他们创新的潜力和可能为企业带来的巨大利益的创新思想，否则企业就会错过一个杰出的人才、一个重大的机遇。

3. 创造英雄

如果新的思想受到了重视，管理者应该尊重和重视而不应该忽视那些提出这些创新思想的人，久而久之，管理者无形之中就塑造了创新者、发明者和特立独行的人的英雄形象。比如在3M公司，所有的创新思想都被认为是有价值的，除非有人能证明它是错误的。在惠普公司，愿意对传统提出质疑的员工会受到尊敬，而且还会作为一种奖励而被记录下来。

6.3.3 沟通

创新能够成功地被接受，不仅要依赖于管理者对潜在效益的正确理解，更要依靠组织成员去有效实施。从组织的角度来说，有一些组织成员是赞成创新的，有一些可能是抵制或反对的，因为从本质上说，创新需要个人在态度和行为上作出相当的改变，需要完全或部分放弃过去所熟悉甚至是舒适的环境，而要去接受不熟悉、不舒适甚至降低了安全感的新事物、新环境。这些担心或问题不仅会在创新一开始就出现，而会在创新流程的任何一个阶段都有可能发生。我们要认识到出现这些创新阻力的原因是多方面的，比如说对创新的错误认识、害怕受到威胁等，从另外一个角度来看，存在着这样或那样的创新阻力，对创新来说并不一定是坏事，面对众多的质疑，管理者会更加谨慎地制订创新计划，认真审视每一个环节，最大限度地降低风险，因此管理者必须充分认识到这些阻力的存在，通过有效的沟通，争取更多的创新支持者，开放式管理就是有效沟通的一个有效方法。开放式管理就是促进沟通的横向和纵向的流动，实现沟通的无障碍、无死角、全方位，主要包括参与决策和提高认同感。

（1）参与决策　Pearson C㊀曾经对900名蓝领和100名白领进行了一个纵向的研究，他将其中一部分人组合成半自治的团队，每周都召开团队成员和管理者会议，而其他人都保持原有的工作方法。结果发现，组合成半自治的团队在决策、角色透明、工作满意度、生产率、出勤以及更加安全的工作氛围等方面，比预期的水平有很大的提升。

Miller R.㊁等人调查了一个大公司的700名员工，他们发现参与决策、获得社会支持可以减少工作倦怠，提升满意度。

（2）提高认同感　认同感是企业文化的一个特征，而不是员工个人的倾向，组织的氛围对认同感有着重要的影响。管理者不仅要考虑到组织是如何

㊀Pearson C. Autonomous workgroups: An Evalution at an Industrial Site. Human Relations, 1992, Vol. 45 (9): 905-936.

㊁Miller R., Prichard F.. Factors associated with Workers Inclination to Participate in an Employee Involvement Program. Group and Organization Management, 1992, Vol. 17 (4): 414-430.

做的，更要注重员工个人的感受，展现出组织与个人沟通的平等性，体现出组织对个人的关怀。在这里，管理者要思考六个问题：

1）对个人来说：①我的工作职责是什么？②我做得怎么样？③有谁在乎我？

2）对组织来说：①我们做得怎么样？②我们如何融入整体？③我如何帮助你？

在实际当中，很多组织都只是关注第二部分的问题，但事实上，员工关心第一部分的问题，因此管理者要热心、耐心地与员工进行沟通，使员工感受到自己是真正被重视的，进而提高对组织的认同感。

6.4　创新管理案例

6.4.1　GE 公司：培育以“诚信”为核心内容的企业文化

GE 公司作为全球著名的跨国公司，经营范围涉及动力、工业自动化、飞机发动机、医疗、塑料、金融、家用电器等 10 多个领域，下属企业遍布 100 多个国家和地区，拥有 30 万员工。不断增进员工对公司价值观的认识，是 GE 公司成功发展的基石。

诚信是 GE 公司三大传统之一。每个员工携带的“GE 价值观”卡片上，将诚信列在突出的位置。“诚信”是 GE 价值观的核心内容，在 GE 文化中居于重要的指导地位。GE 文化中的勇于变革、客户第一、质量为本、“无界限”活动等内容，都是“诚信”的拓展和延伸。

韦尔奇、伊梅尔特等 GE 公司的高层领导认为，培育并形成企业积极向上的价值理念，是企业的头等大事。他们不仅把诚信看作企业的外在形象，更将诚信作为崇高的道德理念和无形资产，看得高于一切，甚至视作企业的生命。

GE 公司非常重视员工和合作伙伴诚信理念的养成。每个员工进入公司的第一件事，就是接受诚信的培训。公司的每个代理商，也要接受诚信的培训。GE 公司要求各业务部门和分公司的 CEO、总经理、销售总管，都要抓诚信培训，亲自讲解诚信的规则和政策，并且把能否传播、宣传、推广这一价值理念用以激励员工，作为衡量领导者是否称职的重要条件。同时，公司还利用互联网进行培训，使每个员工在家里或工作岗位上随时都可以学习。GE 公司把诚信的信念落实到每一项业务、每一个环节中。比如对员工进行考核，主要看两条：一条是诚信的规则遵循得怎么样；另一条是取得的业绩怎么样。如果诚信和业绩都很好，那将会得到提升和奖励；如果诚信好，业绩不怎么样，那将会获得第二次机会，再展身手；但是，如果业绩不错，但诚信不好，那将会成为“不受欢迎的人”而被迫离开公司。

6.4.2　沃尔玛：企业文化的核心价值观

沃尔玛公司虽然仅有50余年的历史，但其企业文化已成为零售业界的佳传。沃尔玛公司一直非常重视企业文化的作用，充分发挥企业文化对形成企业良好机制的促进和保障作用，增强企业的凝聚力和战斗力。

沃尔玛的创始人山姆·沃尔顿所倡导并奉为核心价值观的“顾客就是上帝”，“尊重每一位员工”，“每天追求卓越”，还有“不要把今天的事拖到明天”，“永远为顾客提供超值服务”等的服务原则和文化理念，都被世人称为宝典。

1. 顾客就是上帝

为了给消费者提供物美价廉的商品，沃尔玛不仅通过连锁经营的组织形式、高新技术的管理手段，努力降低经营费用，让利于消费者，而且从各个方面千方百计节约开支。美国大公司拥有专机是常事，但沃尔玛公司的十几架专机都是二手货；美国大公司一般都拥有豪华的办公楼，但沃尔玛公司总部一直设在偏僻小镇的平房中，沃尔玛公司创始人虽然家财万贯，但理发只去廉价理发店去理发，董事长的办公室只有12平方米左右，而且陈设十分简单，公司总裁办公室也不到20平方米。对这些做法尽管可以有各种评论，但传达给消费者的信息却是：沃尔玛时刻为顾客节省每一分钱。在沃尔玛看来顾客就是上帝。为了给消费者超值服务，沃尔玛想尽了一切办法，沃尔玛要求其员工要遵守“三米微笑”原则，尽量直呼顾客名字，微笑只能露出八颗牙等，正是这样，沃尔玛在顾客心目中留下了深刻的印象。

2. 尊重每一位员工

尊重个人，这是沃尔玛最有特色的企业文化。在沃尔玛，“我们的员工与众不同”不仅是一句口号，更是沃尔玛成功的原因。它真正的含义是：每位员工都很重要，无论他在什么岗位都能表现出众。“我们的员工与众不同”这句话就印在沃尔玛公司每位员工的工牌上，每时都在提升员工的自豪感，激励员工做好自己的工作。沃尔玛公司重视对员工的精神鼓励，总部和各个商店的橱窗中，都悬挂着先进员工的照片。各个商店都安排一些退休的老员工，身穿沃尔玛工作服，佩戴沃尔玛标志，站在店门口迎接顾客，不时有好奇的顾客同其合影留念。这不但起到了保安员的作用，而且也满足了老员工的一种精神慰藉。公司还对特别优秀的管理人员，授予“山姆·沃顿企业家”的称号。

3. 每天追求卓越

沃尔玛公司已经连续几年位居全球商业企业榜首，但人们接触到的员工都没有满足的表示，确实体现了“每天追求卓越”的企业精神。对于沃尔玛商店经理来说，他们每周至少要到周围其他商店 10 次以上，看看自己的商品价格是不是最低，看看竞争对手有哪些长处值得学习，丝毫不敢懈怠。公司以沃尔玛（WAL—MART）的每个字母打头，编了一套口号，内容是鼓励员工时刻争取第一。公司每次召开股东大会、区域经理会议和其他重要会议时，每个商店每天开门营业前，都要全体高呼这些口号，并配有动作，以振奋精神，鼓舞士气。不管是公司总裁、区域经理，还是商店普通员工，喊口号时都十分投入，充分显示了企业积极向上的精神风貌。也正是在这样一种追求卓越的口号的激励之下，沃尔玛有了很多创新，包括销售方式、促销手段、经营理念、管理方法等，在细节方面更是如此。

第7章

创新的扩散与创新商业化

创新的扩散由美国著名传播学者埃弗雷特·罗杰斯（Everett M. Rogers）于20世纪60年代提出，是关于通过媒介劝服人们接受新观念、新事物、新产品的理论，侧重于大众文化对社会和文化的影响。创新扩散模型是对创新采用的各类人群进行研究归类的一种模型，它的理论指导思想是：在创新面前，部分人会比另一部分人思想更开放，愿意采纳创新。这个模型也被称之为“创新扩散理论”。

创新的商业化对于保持竞争力和促进经济都具有重要的战略意义，它不仅帮助创新者实现了成功，提高了竞争者的门槛。而且也提升了企业的市场渗透和优势地位，有助于企业的长远发展和形成持久的领导力。但在实际中，我们也经常看到，企业总是在尽最大努力不断推出新的产品进入市场，可获得成功的并不多。如此看来，创新的商业化也不是简单的事情，与很多因素有关，如企业的能力、人力资源、企业所处的环境等。

创新扩散与创新商业化有着密切联系。创新扩散需要创新的成功商业化，没有创新的商业化，就无法实现创新扩散或者扩散效果达不到预期目标；没有良好的创新扩散的结构，创新商业化也很难实现成功。

7.1 多维的创新扩散

埃弗雷特·罗杰斯认为创新的扩散包含五个步骤：即认知、说服、决定、实施以及确认，并将创新扩散的受众分为五类：创新者、早期采用者、早期大众、晚期大众、落后者。当关于创新的信息通过沟通渠道在潜在的用户中共享时，创新的扩散就会逐渐地发生。关于创新扩散的研究，主要有四个方面的内容：①关注创新的特征以及接受创新的组织的特征；②关注社会、经济和沟通以及信息流动的过程；③关注新技术是如何被用户感知的，主要方法是监测用户对新技术的反应行为，如用户的人口统计学分析（包括年龄、性别、教育程度等）；④关注创新扩散如何被社会特征所影响。应该说，对创新扩散的研究相当广泛，但很难对这些已经研究的所有因素统一进行归纳，也就是说，不太可能找到非常完整的适合所有创新扩散的模型。

总的来说，创新扩散是一个多维的过程，在这个过程当中，用户的行为受到一系列的影响。从微观层面上说，可以分为学习环境和个人领域；从中观层面上说，可以分为社会环境和团体领域；从宏观层面上说，可以分为技术环境和产业领域。

7.1.1 创新接受的领域

创新接受的领域可以分为个人领域、团体领域和产业领域。这三种领域关键的不同点在于评估和思考接受创新的角度有差异，每一个角度都由一整套的利益、规则和标准所形成。比如，在评估个人计算机使用方面（通过网络观看节目以代替电视和传统的广播），这三个领域考虑的角度是不同的。

（1）个人领域　它是指根据对个人用户的效用的影响，评估这种变化所产生的福利和成本。

（2）团体领域　它是指根据对团队成员之间的社会关系的影响，评估这种变化所产生的福利和成本。

（3）产业领域　它是指根据对大的经济体的影响，来评估这种变化的福利和成本。比如，网络是如何影响传统的电视频道或者电视观看者的行为？一个国家能够提供什么样的技术基础来提高接收网络的个人和企业的效用？

7.1.2 创新接受的环境

1. 学习环境

学习环境是单个用户的个人特征，这些环境可能会影响使用新技术所需的新的能力和竞争力的获取。为了利用新的技术，创新接受者必须能够吸收并且运用外部知识。潜在接受者在接受新技术、淘汰旧技术的过程中也需要付出转移成本，转移成本的程度大小取决于个人所花费的时间和付出的努力。

2. 社会环境

社会环境表明了文化和社会关系的特异性，这些特异性包括标准、价值和阶层等并由用户所属的群体或社团共享。比如，如果一个老式汽车社团的成员在老式汽车上安装了一个现代的 CD 播放器，那么其他的成员可能不会同意这种变化，同时认为该成员和他的汽车不值得成为该社团的成员。当然如果接受改变的成员是社团意见领袖的话，这种情况发生的概率也有可能比较低。社团意见领域通常是那些能够频繁影响他人接受创新方向的人，他们在创新扩散中扮演着重要的角色。如果创新的运用在一个社团中被消极的接受或错误的理解，那么创新接受的概率就会非常低，这个时候企业通常会请求意见领袖出面支持以降低这种风险。

3. 技术环境

一般来讲，进入一个市场的新产品极少完全是新的，通常更多的是替代的技术或产品。如果新技术过于复杂，那么将降低现有技术的退出。比如，人们都愿意购买在本国有大型维保支持链的汽车，因为随着时间的推移，汽车保养会变得更加便宜，而且保养速度也会更快，但如果在这个领域出现了新的、更加复杂的技术，那么人们对这种新技术就会产生高于现有技术的期望，如果人们经过评估发现向新的技术转移会产生高成本和高风险，那么人们就不会接受新的技术而维持现有的技术。

7.2 影响创新扩散的因素

影响创新扩散的因素很多，但归纳起来，主要有三个方面：①创新的特征（包括相对优势、复杂性、相容性、可观察性、可实验性）；②接受者的特征（包括组织的大小、结构、文化、战略等）；③其他的影响因素（包括一个国家的发展水平、地方性法规以及政策、沟通渠道、网络等）。

7.2.1 企业的大小、文化与创新扩散

1. 企业的大小对创新扩散的影响

企业的大小对创新扩散到底有什么影响一直模糊不清，不同的研究得出了不同的甚至是相反的结论。因此有时企业管理者也感到困惑，如果打算加速或者促进创新的扩散，是否需要扩大企业的规模。

关于企业的大小，可以从很多方面来定义，如年销售额、总资产、总收入、净资产、员工数量等。但最常见的或者说大家经常谈论企业大小时，都自觉不自觉地按照企业员工数量来划分。企业大小可以分为大、中、小三类，那么如何按照员工的数量来划分企业大小呢？这又是一个难题，而且标准都不一样。

根据 OECD 的定义：员工少于 250 人或者年营业额不超过 5000 万欧元的即为中小企业。在欧洲，通常小企业是指 5 ~ 50 人的企业，中等企业的员工在 50 ~ 500 人。但有些国家的标准又有不同，在芬兰，超过 100 人以上的企业就被认为是大企业；而在英国，小于 200 人的是小企业，200 ~ 500 人的是中等企业，超过 500 人的是大企业。

不仅在不同的国家，企业大小的定义有差别，在不同的行业，企业大小的定义也不同。比如在新西兰，小企业是指 50 人以下的制造业企业、25 人以下的批发零售企业、10 人以下的服务业企业；在澳大利亚，制造业中超过 600 人的企业为大企业，100 ~ 600 人的为中等规模企业，少于 100 人的为小企业；在非制造行业，少于 20 人的为小企业。

Ysabel Nauwelaerts㊀关于中小企业的定义：员工少于 250 人，营业额不超过 5000 万欧元，资产负债表总额不超过 4300 万欧元。微型公司是指员工少于 10 人的公司。以比利时和荷兰为例，从创新产业对国家的经济贡献来看，这两个国家在欧洲排名前十位，2007—2010 年，这两个国家的创新型企业中的就业人数持续增长，是所有部门就业平均增长率的 2 倍。创新型企业一般都是以小规模运行。2009 年，在荷兰的创新型企业中，有 66% 的是只有一个雇主而没有雇员的微型企业，27% 的是有 2 ~ 10 名员工的微型企业，6% 的是 10 ~ 15 名员工的小企业，只有 1% 的是超过 50 名员工的中型企业。

有的人认为，在实施创新方面，大企业比小企业有优势，因为大企业有更大的能力提供资本，能够接受创新的成本，容忍失败的风险，而且能够更好地提供管理和技术方面的专业指导和专家；但也有人认为小企业比大企业有优势，因为小企业有更少的官僚作风，更大的创新动力，离市场更近，把技术变革引入市场的速度更快。

小企业在促进创新扩散方面，一个关键的因素就是企业家的行为和他们的创新偏好。由于大企业占据了市场，对小企业的生存有着很大的威胁，所以创新扩散是促进小企业生存的重要因素，小企业也只有通过创新活动才能获得一定的竞争优势，而这更需要有较好的创新扩散能力，把更好的产品和服务引入市场。

有研究表明，美国 1970 - 1978 年间 635 个技术变革中，小企业每名员工

㊀Ysabel Nauwelaerts, Lessius Antwerp. Innovation Management of SMEs in the Creative Sector in Flanders and the Netherlands. Journal of Marketing Development and Competitiveness, 2012, Vol. 6 (3): 140 - 153.

所产生的技术变革是大企业员工的2.5倍，而且小企业的创新偏好更大。而且，员工少于50人的小企业，研发的费用占收入的平均百分比要远远高于大企业，在加拿大，2/3从事研发活动的企业是小企业，研发的费用占收入的平均百分比为12.4%，而大企业的这个数据是1.6%。

2. 文化对创新扩散的影响

影响人们采用新技术意愿的最典型的文化影响是个人主义和集体主义的差别。个人主义或集体主义是指在决策过程中，人们遵循个人信仰的程度，这些决策也相对依赖周边他人的信仰。比如大家所熟悉的，在西方国家展现出更多的个人主义，表现出社交的独立性。而亚洲文化则是以集体主义的道德规范为中心，表现出社交的参与性。

在个人主义文化当中，团队的概念不那么正式，成员也很少有约束力，团队的规范也很少严格地遵循。成员通常独立于他人之外活动。相反的，集体主义文化的成员比个人主义文化中的成员更加重视和保护团队。在决策的过程中，集体主义文化的特征更多的是依赖于公共输入和内部集团的参与，内部集团包括核心家庭、同事、邻居、政党、宗教团体等，这些内部集团共享相似的规范、目标和价值。在集体主义文化中，群体的一致性比个人的行动更有价值，在复杂的情况下，能够帮助指明方向和行动。而且信仰集体主义文化的人们倾向于限制自己参与更多的群体，而是把重点仅仅放在对他们能够充分信赖的群体的投入上，而信仰个人主义文化的人们则倾向于成为更多群体的成员，尽管他们对这些群体没有多大贡献。

外部集团是指那些个人并不属于该集团，但是该集团能够影响个人的群体，因为不是正式的成员关系，所以与外部集团成员的非正式联合为研究和获取外部信息提供了更加宽阔的范围。

7.2.2 支持和抑制创新扩散的因素

1. 支持创新扩散的因素

（1）相对优势　相对优势是指潜在的接受者从创新那里获得福利的程度，是影响创新接受速度的最重要因素。相对优势可以分为相对属性优势和相对社会优势。

当创新能够提供比过去的产品更高的性能时，就会存在相对属性优势，主要表现在：产品具有独一无二的特征、更高的质量、更好地满足需求的能力、降低了成本或者能够唯一地完成某一功能。

相对社会优势是指通过运用创新，个人寻求的能够引起信誉增强、社会奖赏、承认和接受的动机。

（2）兼容性　兼容性是指创新与接受者现有的社会、个人和技术等方面内容如何更好地匹配，也是指创新与现有的价值、过去的经验和潜在的需要保持一致性的程度。

（3）社会压力　社会压力是指由于来自同事的压力或团队的期望，潜在的创新接受者可能感受到的在接受创新时的义务。如果感觉到在作决策的过程中有更大的独立性，那么最终作出的选择就是创新接受者的自由意志；如果缺乏这种独立性，那么在一个社会群体的压力下所作出的决策会使创新接受者几乎没有选择。

研究表明：随着时间的推移，在社会独立性文化和社会参与性文化当中，相对属性优势的感知随着时间的推移会增强，但在社会独立性文化当中对相对属性优势的感知要比在社会参与性文化当中的感知要更强；在社会独立性文化当中，创新的相对社会优势的感知要比社会参与性文化当中的感知要强；在社会独立性文化当中，对兼容性的感知要比社会参与性文化当中的感知要更强。

在社会独立性文化和社会参与性文化当中，接受创新之后，随着时间的推移：对社会压力的感知都会增强，对产品风险和不连续性的感知都会降低。

创新扩散在两种文化中的感知对比，如表 7-1 所示。

表 7-1　创新扩散在两种文化中的感知对比

感知 文化	相对属性优势的感知	相对社会优势的感知	兼容性的感知	社会压力的感知	产品风险的感知	不连续性的感知
社会独立性文化	大大增强	强	大大增强	增强	降低	降低
社会参与性文化	增强	弱	增强	增强	降低	降低

2. 抑制创新扩散的因素

（1）效用　新技术层出不穷，但并不是所有的新技术都能够得到利用。比如，电动发动机和电池设计的不断完善并没有终结汽油发动机车辆，从用户角度来看，即使性能不是特别高的汽油发动机车辆在花费、速度、维修上都比电动汽车便宜，因此这不是个技术问题。还有一个个人计算机市场的例子，也说明了并不是靠单一的技术运用就可以驱动市场消费。苹果的一体化个人计算机在关键领域满足用户需求方面比基于 PC 的 Windows 更加可靠，如果从效用最大化和技术角度来看，苹果计算机应该毫无疑问的在家庭计算机市场占据优势地位，但实际上，这个市场的绝大部分份额是由 Wintel（操作系统是 Windows、芯片是 Intel）个人计算机所占领，其原因就在于互补技术广泛应用的绝对优势，比如在 Wintel 个人计算机嵌入商业软件、游戏软件、外部设备等。这也说明了当技术的互补性为现有的用户创造的总效用比使用新的技术更高时，新技术就不可能替代老技术。当然，效用也不能完全解释人们接受或决策创新扩散的行为，在有些情况下，即使效用很低甚至没有更高的效用，那么也有可能使用新的技术。比如，一些敏感的技术，从国家安全和社会稳定的角度出发等。

（2）感知的性能风险　感知的风险是决策理论中的一个固定概念，这种风险更多的是与扩散的速度联系在一起，如产品的不确定性。如果感知到未来结果的不确定性可能会导致潜在的损失，那么就会导致产品性能风险并降低创新扩散的速度。

（3）复杂性　是指对创新的理解和运用的困难程度。除非通过人际交往的努力进行修正，否则复杂性对创新扩散有负面的影响。对复杂性的衡量包括使用和操作创新成果的难度等级、操作手册的厚度（如果操作手册很厚，就说明比较复杂）以及所需的专门技能。有一些新产品从来就没有扩散到预期的市场当中，也可能从来没有取代已有的产品。例如数字输入技术（声音或手写识别），尽管有很多技术原理都支持数字输入技术的发展，但到目前为止，传统的打字界面或电话键盘在市场中仍是最流行的，其中一个主要原因就是大多数数字输入设备需要用户学习正确的输入技巧，这让用户必须花费一定的时间，但实际效果又由于新技术的不完善或设备不敏感而使得用户不满意，因此新产品的使用大打折扣。

（4）不连续性　决定创新是否持续的主要因素依赖于已经形成的行为和惯例的连续性。其衡量的方法是：客户与先前产品作比较的能力以及为了获得创新产品需要付出多大的努力，同样也要考虑到对创新绩效的感知风险、接受创新后的社会影响。

（5）学习　尽管有一些社会因素会导致对新技术的需求，但关键的一点是用户将需要一定水平的知识和技能使新技术变得有用，因此用户就有可能要超越过去的学习边界，但如果学习边界太宽或者用户自身学习能力有限，那么新技术的使用率就会大为降低，而用户宁愿继续使用老的技术或自己过去熟练的技术。

7.3 创新的商业化

商业化通常是指将一项新的技术、产品或流程从概念阶段推向市场所需要的全部活动，一般包括研究、开发和商业三个类别，每一个类别又可以分为技术、市场、业务三个阶段，如表 7-2 所示。

表 7-2 商业化的类别及阶段

类别＼阶段	技术	市场	业务
研究	技术概念的分析	市场需求评估	风险评估
开发	技术可行性 工程原型 产品前的原型	市场研究 战略营销 市场验证	经济可行性 战略业务规划 业务启动
商业	产品 产品支持	销售与分配 市场多元化	业务拓展 业务成熟

创新的商业化是指将创新引入市场所需要的行为和活动，同时也是企业将产品带进市场，影响市场主流的能力。当一项创新产品引入市场时，一开始只是被一小部分群体所认可，这个比例不到市场的 3%，市场主流的认可仍需要一个过程。有研究表明，创新的商业化与组织的网络、吸收能力和二元性有着密切关系，这三个因素也是创新商业化的前提和基础。

7.3.1 与创新商业化相关的因素

1. 组织网络与创新商业化

对于组织来说，可以将网络分为外部网络和内部网络两种不同类型的网络。

外部网络是将网络作为在市场和层级之间发挥媒介作用的一种治理模式，它突出的是网络的竞争维度，特别关注绩效方面的问题。

内部网络指的是知识创造、保持灵活性、能够自我更新所需要的组织内部的结构、流程和管理角色。

（1）外部网络和商业化

1）中心性。在一个外部网络中，如果企业处于一个中心位置或者与中心节点有直接联系，那么该企业就能够更好地获得资源以促进创新的商业化，如资金、制造设备和销售渠道等。因此中心性就决定了一个网络中实体或节点的相对重要性。当一个组织尽力去获得网络中心的位置以保持竞争优势或控制关键资源的时候，其他的组织也可能努力与中心节点保持联系。

中心性可以分为四种：度中心性、紧密中心性、中间中心性、特征向量中心性。

度中心性是指网络中一个组织所维系的与其他组织直接联系的数量，主要看这个组织占据的是中心位置还是次要位置。

紧密中心性是指网络中一个组织与其他组织的接近程度。与其他组织越近，紧密中心性就越高，表示其能快速获得信息，处于中心位置的组织与其他组织联系的路径就短。与度中心性不同，间接联系在紧密中心性中被认为是网络资源交换的重要机制。紧密性可以用来衡量一个网络中信息从一个顶点到其他可及顶点所需要的时间，这一点对于企业家来说非常重要，因为信息的快速获取可以形成竞争优势。

中间中心性用来衡量一个节点通过网络传播信息的影响，如果一个组织在网络中充当的是看门人的角色，那么它就必须在那些没有直接联系的组织中保持中间媒介的作用，其实这种类型的组织在获取创新机遇、潜在的市场、销售渠道信息等方面都得到益处。中间性指数高的组织，其引导资源流通的机会就多，因此在创新商业化中占据了潜在的优势，操纵了资源流通的关键。

特征向量中心性用来衡量网络中节点的重要性，网络中每个节点都有一个相对指数值，这个值是基于这样一个原则来确定：高指数节点的连接对一个节点的贡献度要比低指数节点的贡献度高。

2）多重性。关系的多重性或者叫多样性涉及一个组织与网络中的合作伙伴保持关系的强度，也指网络的异质性。一般来讲，以多种方式连接起来的两个合作组织能够更好地彼此了解。即使一种类型的连接不存在了，多重性也能够使组织与其他的连接伙伴保持持续的关系。

外部网络的多重性也包括大学、实验室和其他从事基础研究的机构，企业可以通过正式或非正式的科学会议、许可、合资、咨询、研究基金、电子邮件、共享数据等方式与这些研究机构进行联系，以加快创新的商业化，缩短创新周期。

从本质上说，企业发现创新机会多少有一定的概率，但多重性却大大提升了成功发现创新机会的可能性。特别是对于企业家来说，他们所发现的创新机会，往往是与他们的知识有直接联系的，如市场的知识、如何服务这些市场以及如何解决特殊客户问题的知识，因此需要一个强大的网络来支持信息的聚集、资源的共享和创新思想的产生。

（2）内部网络与创新商业化　组织的内部网络主要包括组织的行为环境和组织内部高层管理团队的特征。

组织的行为环境包括绩效管理和社会支持，这种环境是一个组织能否成功认识到当前和新兴市场机遇的重要决定因素。高创新型企业期望能够平衡绩效管理和社会支持，并通过领导力（领导成员交流、领导角色期望）、对个人解决问题风格的鼓励等方式实现这种平衡，这样在高绩效组织环境当中，中心性和多重性对创新商业化的积极影响得到了加强。

为了增强创新的商业化，企业内部的高层管理者应该始终保持可见的存在。即使是在惠普和3M这样高度分散化的公司，高层管理者也没有把自己置身事外，而是能够自由地处理创新商业化过程中的关键问题，通过赋予与商业化相关活动的优先权、确保到最后期限能够完成任务、加速决策进程等方式，充当着连接器的作用。正是在创新商业化的过程中，高层管理者的这些行为整合，增强了创新商业化机遇的识别，促进了新兴市场的出现。

2. 吸收能力与创新商业化

企业知识资源的获取和利用并不是自发的，需要企业具备一种能力来实现，这种能力就是吸收能力。吸收能力是指一个企业能够吸收各种信息的最大限度。通过获取、同化、转化和开发知识资源，吸收能力构建了企业知识能力的基础，同时也产生出类似创新这种动态的能力。

吸收能力可以分为潜在吸收能力和现实吸收能力。潜在吸收能力是指知识的获取和同化，现实吸收能力是指知识的转化和利用。

对于任何一个企业来说，吸收能力都是有限的，而正是这种有限性为企业内部研发能力的开发提供了动力。企业内部的研发部门不仅要做好自己所熟悉的工作，而且还要扩展自己的工作范围，包括吸收企业的外部知识、新的思想等。吸收能力可以使企业能够更加准确地预测技术进步的商业潜力和成熟度，可以说，没有吸收能力，创新商业化的基本需求就不可能实现。

3. 二元性与创新商业化

关于二元性，通常用很多不同的对抗性概念来进行描述，比如：二元性是管理的悖论，涉及稳定性和灵活性的双重搜寻；二元性是效率和灵活性之间相互争夺的一个可接受的解决方案。

二元性组织是那些能够调和敏捷性和稳定性的组织。敏捷性的方法适合于那些不确定性和风险高以及经常改变环境的项目，稳定性的方法适合那些需求稳定且能预测的项目。

还有一个需要关注的是在适应性和直线性之间的平衡，这也是组织的重要基础，要想确保组织长远的成功，就需要同时掌握适应性和直线性。但过度的关注直线型会使组织失去长期的愿景，而过分强调适应性则意味着以今天的代价来建立明天的企业。

尽管有关二元性的描述很多，但最广泛地关于二元性的描述是指开发和探索之间的平衡，也就是说这些二元性组织既能够开发它们现有的能力，同时还能探索新的机遇。开发包括改进、选择、生产、效率、实施等，是利用现有的知识来影响当前的机遇；探索包括知识的创造和对新兴的及未来的机遇分析。在开发和探索之间保持正确的平衡是组织生存和发展的重要因素。

探索需要重大的投资，而这些投资的回报并不确定。开发关注的是通过渐进的变化来创造价值，以降低企业的风险。开发定位于短期，而探索更注重长远。开发的活动可能是直接为了获得效率，而探索的活动注重提升组织的灵活性。

潜在吸收能力就包含探索，现实吸收能力则包含开发。二元性是同时对两个不同的维度作战略选择，而不是选择一个去超越另一个。所以企业在进行探索活动的时候，当潜在吸收能力得到增强时，它的开发活动也提升了现实吸收能力，而当企业同时推进开发和探索活动时，二元性就得到了加强。

7.3.2 网络、二元性、吸收能力之间的关系

1. 网络与吸收能力之间的关系

网络对于吸收能力的作用是显著的，而且对于增加与商业伙伴相联系的知识基础和创造新知识都很重要，这些新知识可以通过新的专利、新类别的产品和服务甚至新的行业等形式观察到。

吸收能力按照沟通结构的不同可以分为三种类型：①存在于组织之间的沟通结构，叫作外吸收能力；②存在于组织中不同子单位之间的沟通结构，叫作跨功能吸收能力；③存在于组织中子单位内部的沟通结构，叫作内吸收能力。很明显，对于内吸收能力来说，在单位内部的沟通越好，就会更多更快地吸收知识。

组织中的内部网络对于吸收能力的影响主要有三个方面：行为环境、高层管理团队和结构。研究表明：跨功能、工作轮换、决策参与与潜在吸收能力有正向关系；而形式化、程序化、社会性与潜在吸收能力有反向关系。现实吸收能力与跨功能、工作轮换、形式化、程序化、社会性有正向关系，而与决策参与存在反向关系。

从外部网络来看，网络的多重性能够提升企业潜在吸收能力，能够从各种各样的信息来源中获取和吸收知识，并提升处理外部知识的能力。网络的多重性还能够帮助企业放大获取有关技术创新、商业机遇、资金来源等信息的潜力。

2. 网络与二元性之间的关系

在开发和探索（二元性）之间实现平衡可以有四种方式：谐波平衡、周期性二元性、分割式二元性和互惠式相互依赖。

谐波平衡可以通过在一个组织单元中同时和谐地推进开发和探索来实现；周期性二元性是指组织在较长的一个时间段保持相对稳定性，而只是零星点缀一点变化；分割式二元性是指相互依赖的、同时发生的现象，涉及组织中不同结构单元内部的开发和探索的划分和同步，从结构的观点看，分割式二元性可以通过为开发和探索建立分立的单元和部门来实现；互惠式相互依赖是指第一个业务部门开发的成果作为第二个业务部门探索的输入，第二个部门探索的结果作为第一个部门开发的输入。当信息交换在组织单元之间或者不同的组织之间持续进行时，就会发生这种情况。

从组织内部的观点来看，为了提升潜在吸收能力，组织需要低形式化、高度多样性的网络以及适度的中心性，而对现实吸收能力来说，则需要高形式化和高中心性环境下的多样性网络。

（1）外部网络和二元性　从获得二元性的角度来看，网络的多样性为组织提供了多重福利。首先它为组织提供了异质性的好处。具有同质性网络的组织很少有机会以多重的观点去考虑问题，因为在这种网络结构中，大多数网络成员都具有相似的见解。相反地，多样化的关系意味着组织在推理模式、界定问题和解决问题等方面存在差异，这就使组织在处理开发和探索时有更多的方法和途径。其次，网络的多样性对于二元性是有价值的，因为它帮助组织克服“熟悉陷阱”，也就是喜欢熟悉胜过喜欢陌生的倾向；最后，网络的多样性能够促进二元性，因为它能够帮助组织克服“便利陷阱”，也就是说总是围绕过去已有的现成答案来需求解决方案，而不是去寻找新的解决方案。

处于中心位置的组织，因为与其他的组织有着大量的直接或间接的联系，因此可以利用更多的关系来获取资源，并且也能减少对任何一个单一组织的依赖。同时由于处于中心位置的组织消息灵通，对网络中发生的事情非常清楚，因此它也能够促进开发。

但从另外一个角度来看，在中心性和二元性之间存在着回报的拐点，特别是当一个网络规模很大或者很密或者存在很多实体的时候。这种情况与注意力的分配和信息过度有关。从注意力分配来看，处于中心位置的组织需要兼顾若干方面，只能花有限的时间与每一个方面保持联系，这样就降低了联系的强度，有用的资源和信息被发现的机会就下降了；从信息过度的角度来看，由于组织处理信息的能力有限，过多的信息可能会引起相反的结果，为了避免这种情况的发生，组织需要开发信息过滤的能力，同时只关注特定类型的信息，而忽略其他类型的信息。因此当一个网络太大或者太小时，中心性对于二元性就没有收益或者收益递减，而只有在一个网络的规模适中时，中心性对于二元性才可能有正向的影响。

（2）内部网络与二元性　从内部网络来看，双重结构的角色、行为环境和高层管理团队对二元性有重要的影响。

如果组织是双重结构，也就是说同时平行地推进开发和探索而不是两者之间发生冲突，那么组织更有可能从网络中抽取信息，并连接与二元性有关的信息和知识。从这个角度来看，双重结构可以使过度加载给二元性所产生的负面影响降到最低，同时也能够增强组织处理来自各种不同网络的信息涌入的能力。

在一个高性能的行为环境当中，一个组织应该是动态的和灵活的，并且允许它的成员去追求开发和探索，这就增强了中心性和多重性对二元性的正面影响。

高层管理团队在作出相关决策时，要能够保持开发和探索之间的平衡。高管管理的行为整合对于二元性来说是非常关键的，因为这些行为整合直接影响高层管理团队如何处理矛盾的流程，使组织更好地管理多种多样的信息和资源。行为整合力度越大，开发和探索实现的可能性就越大。

3. 吸收能力与二元性的关系

关注外部知识的获取和同化（也就是潜在吸收能力）的企业能够持续地更新企业的知识存量，但是如果没有从开发中受益，那么企业就要忍受单纯获取知识的成本。相反地，关注知识的转化和开发（也就是现实吸收能力）的企业可能实现短期的利润，但却落入“能力陷阱”，从而对外界环境的变化不能作出反应或反应迟缓。

知识的转化和开发的目的是为了深化现有的知识和技巧，提高效能，因此，现实吸收能力能够帮助组织优化现有的流程并减少相关的成本。

潜在吸收能力对更新企业的知识存量非常关键。探索式创新属于激进式创新，需要在提升新的外部知识的同化能力方面投入大量的费用，而外部知识的同化能力正是潜在吸收能力的属性。相反地，没有对新的外部知识的获取和同化，组织也不可能成功地推进探索式创新。

当组织提升潜在吸收能力的时候，会减小现实吸收能力对开发式创新的影响。

7.4 专利的价值

从严格意义上说，专利并不是用来衡量创新而是用来衡量发明的指标。但在实际中，很多学者和企业家都把它作为一个重要的指标来衡量创新的绩效，这主要是因为：①专利比较容易统计和识别，②对于企业来说，专利也可以作为创新的中间产品，虽然还没有商业化；③对创新本身的认识也并不完全相同。

7.4.1 专利的定义及其作用

“专利”（Patent）一词来源于拉丁语 Litterae patentes，意为公开的信件或公共文献，是中世纪的君主用来颁布某种特权的证明，后来指英国国王亲自签署的独占权利证书。专利是世界上最大的技术信息源，据实证统计分析，专利包含了世界科技信息的90% ~95%。

专利是专利权的简称，专利从根本上说是一种知识产权，是指发明创造的首创者所拥有的、受到法律保护的独占权益。发明专利与科技发展的关系密切，是研究与发展活动和技术创新活动的重要产出形式，将一项发明申请专利表明了申请人对该项技术市场前景的预期，因此被利用作为技术发明产出的指标，又可以在相当程度上表明该技术领域新产品开发和市场竞争的趋势。

在知识经济，知识是资本的基本形式，知识的产生和利用是反映一个国家或者一个企业经济成就的最重要因素。然而，没有保护的创新不可避免地会造成大量金钱的浪费，而且还把新的技术泄露给了竞争者。专利其实就是而且应该是知识经济的主要货币，正是它们把知识转化为可以拥有和交易的资产，而且促进了技术进步和增进社会福利。专利还可以作为一个战略工具来限制竞争者的自由。比如，支付专利侵权的赔偿金就有可能使竞争者一夜之间破产。

当产品和流程创新的信息快速地扩散而且被竞争者所模仿时，专利的有效保护对于保持企业竞争力和收回创新成本就显得尤为重要。对专利强有力的保护能够提升小企业成功的机遇，增强与大企业谈判时的地位，同时也能增强从投资者那里筹措资金的机会。

尽管专利和其他知识产权的权利已经成为经济发展的重要支撑，但它们在不同的国家和地区所受到的重视程度是不一样的，其影响程度也有差异。比如，欧洲企业的专利数量要少于美国企业的专利数量，其原因主要是在欧洲申请专利的倾向并不强烈，很多大企业并不认为专利是保护发明以防止被模仿的有效方法，而且专利申请的过程也给竞争对手提供了更多的信息。而美国企业对专利的重视远远高于欧洲企业，它们通过向欧洲专利局申请专利延伸的方式在美国和欧洲大力开展进攻型的专利策略，目前，知识产权的创造已经成为美国大企业全球战略的重要目标。

最近十几年来，授予专利权的情形呈爆炸式增长趋势，产生这种现象的原因有多种，主要有：①在一些高新技术行业中，创新型的产品大量涌现；②制度和法律的变迁加强了专利权或者使获得专利比以前更加容易；③产业结构的变革和竞争的本性以及公司战略行为的变化等。随着授予专利权的增长，相伴而生的许可活动也在增长。

7.4.2 专利制度面临的挑战及改进

1. 压制创新的风险

过去一直认为专利制度促进创新的惯性思维现在却遇到了挑战，专利制度存在着压制创新的风险。因为当研究是连续和累积的时候，每一项发明都要依赖于先前的发明，这样更强的专利权事实上可能阻止了后续的创新，专利丛林（Patent Thicket）可能会增加交易的成本，如果这种成本达到一定程度，企业就有可能选择自行研发。专利丛林是否压制了创新，取决于他们增强创新者成本的程度。在有些极端的例子中，一些不可能通过的专利丛林可能会完全阻塞了企业获得一些技术。因此，专利就好比一把双刃剑，虽然通过奖励发明人而鼓励创新，但也可能限制了技术的进一步发展。

比如在美国，在过去的 30 年里，美国的专利发布数量及比率一直在提升。1983 年，美国发布了 59715 项专利，到 2003 年达到了 189597 项，到 2010 年时，这个数字为 244341。但从另一方面来看，在一些新兴的行业，如生物技术和软件行业，专利的引入好像并没有对创新有什么重要的正面影响。拿医药行业来说，对新药进行投资研发在经济上基本是不可行的，因为一般都要花 10 亿美元来开发新药，实力不强的企业承担不起这种巨大的成本。所以企业都希望法律能够保护他们的专利，同时企业在市场上以高于成本好几倍的价格来销售他们的药物以使他们的垄断租金最大化。但是近几年来，制药行业的创新日渐衰落，大企业转向保护和扩展他们现有的专利，只是对现有的药物产品进行细微的改进，而不是研发新药，这种情况从本质上说并没有增进社会的福利。所以说，当前强有力的专利制度被错误地应用而且过度保护成熟的企业时，无形中压缩了他们研发能力的上限。但这种情况并没有得到有效改善，反而在一定程度上得到了加强，这主要是由获利集团进行游说并参与制定专利的法律、法规等原因造成的。

因此这种情况必须加以改变：①裁剪专利的宽度和长度，这样既能激励更高水平的创新而且仍能够保护企业的法律地位；②在高新技术部门对专利进行更多的限制；③在授予专利权时不应该只是考虑到技术创新，而也要考虑一些经济方面的因素，比如进入市场的障碍等。

2. 保守性的问题

发明专利是由政府授予给发明者的，一旦被授予，权利就成为了发明者的资产，和其他任何商业资产一样，授权的专利权也可以买卖和租用。专利并不是垄断，它只是给予了发明者的权利，目的是为了阻止他人在未经发明者同意的情况下制造、使用和销售发明成果。过去很长一段时间，申请专利的目的是为了防守，人们认为，相关的专业技术不应该被销售，专利许可则是代表了内部资源的流失。

防卫型专利是一种“睡眠”的专利，也就是说，专利并没有商业化，而只是为了阻止竞争者在该研发领域的进展。在存在离散创新的行业当中，专利可能会作为一种防卫策略来使用，企业愿意对专利进行强大的保护，以防止竞争者，如化学工业等。但是从目前的观点来看，仅仅把专利作为一种防卫策略是远远不够的，而是要研究如何通过积极的专利许可策略对专利进行开发，从专利中产生更多的收入。因为很多企业已经发现，从授权的专利中获取的最大收入是技术转移，特别是许可。专利策略的分类如图 7-1 所示。

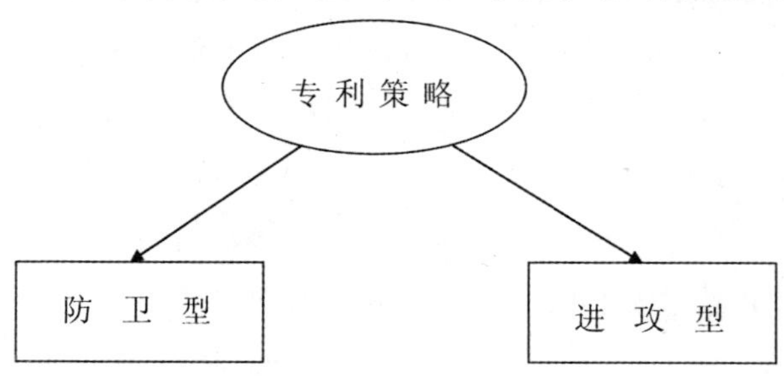

图 7-1　专利策略的分类

进攻型专利是要商业化的专利。企业通过专利商业化而不是产品销售以产生更多的收益，其中许可和交易是专利商业化的两种最重要的方法，特别是在创新比较复杂的行业，企业能够比较自由地使它们的专利商业化。

对于技术密集型企业来说，专利许可已经成为收入的重要来源，其中交叉许可和专利共享是专利许可的两种形式。1996 年，美国企业专利许可所产生的收入达到了 660 亿美元。专利交易是专利商业化的另一个重要途径，根据有关统计，有 13. 5% 的已授权专利至少在其生命周期内经历过一次交易。专利交易的可能性受到很多因素的影响，如专利的时间、专利被引用的次数、专利的普遍性以及专利是否以前做过交易等。

一个发达的专利市场是创新的重要来源，在这个市场，技术知识将得到扩散，同时也能够帮助企业评估它们的技术核心竞争力的价值。专利市场的出现并不算晚，19 世纪末和 20 世纪初，就产生了专门针对技术的有组织的市场，这比大企业内部的研发实验室出现得还要早，19 世纪美国经济的成长就是以发明活动的快速增长为特征的。进入 20 世纪，技术市场使发明者成为劳动力市场的分工之一，这些发明者逐渐利用他们较强的能力来销售技术专利，反过来，大企业也通过开发内部研发能力以使企业能够了解和评估这些外部发明的价值。

专利的宽度影响着专利的盈利能力。专利宽度长可以防止被模仿，总的来说，范围上较宽的专利比范围上窄的专利更有价值。同时，专利引用的次数越多、通用性越强，专利交易的可能性就越大。随着专利的年限逐渐变长，特别是专利越接近期满，专利交易的可能性也会下降。

7.4.3 欧洲专利局和美国专利商标局

欧洲专利局、日本特许、韩国特许厅、中国国家知识产权局和美国专利商标局因处理的专利申请数量而成为全球最大的五个知识产权局。这里主要介绍欧洲专利局和美国专利商标局。

1. 欧洲专利局

1973 年 10 月 5 日，16 个欧洲国家在慕尼黑签订旨在加强欧洲国家间发明保护合作的《欧洲专利公约》，并根据该公约成立欧洲专利公约组织。该组织允许根据申请人的要求将欧洲专利的保护扩展到所有缔约方。1977 年 10 月 7 日，《欧洲专利公约》正式生效，并据此建立了欧洲专利局（EPO）这一政府间机构。EPO 是欧洲专利组织的执行机构，主要职能是负责各成员国申请人提交的欧洲专利申请的审批工作，其建立以《欧洲专利公约》为法律基础，活动受行政管理委员会监督。EPO 的建立是欧洲经济和政治一体化的产物，其宗旨是维护成员国的利益、促进创新、竞争和经济增长。截至 2011 年年底，欧洲专利公约组织有 38 个成员国，EPO 位于德国慕尼黑，第一总部设在荷兰海牙，其余三个总部位于慕尼黑、柏林和维也纳。

欧洲专利公约组织为其成员国提供了依照统一的程序和实体标准申请专利并获得专利授权的途径。申请人可指定一个、几个或全部成员国，一旦该申请被授予专利权，即可在所有指定国生效，与各指定国依照本国专利法授权的专利具有同等效力。欧洲专利的有效期为自申请日起 20 年。EPO 仅负责欧洲专利的审查、授权和异议，对于欧洲专利的维持（专利年费 50% 上交 EPO）、行使、保护，以及他人请求宣告欧洲专利无效，均由各指定国依照本国专利法进行。欧洲专利的申请程序一般包括以下步骤：

（1）提出申请和对专利申请的形式审查。

（2）检索请求及检索报告的公布。

（3）公布专利申请。

（4）提出实质性审查请求。

（5）实质性审查。

（6）授权、驳回和异议。

（7）生效。

（8）维持。

2. 美国专利商标局

美国是世界上最早实行专利制度的国家之一，第一部《美国专利法》于 1790 年 4 月 10 日由美国总统签署。现行法于 1952 年制定，之后于 1984 年和 1994 年做过两次重大修订。1999 年 11 月 29 日，时任美国总统克林顿签署了《美国发明人保护法》，2005 年 6 月，美国国会开始讨论再次修改《美国专利法》。2007 年 9 月 7 日，通过了《美国专利改革法案》。

美国专利局于 1802 年成立，当时为国务院直属部门，承担专利相关事务。19 世纪初，商标事务亦纳入专利局的辖权范围。1975 年，经国会批准，美国专利局更名为美国专利商标局（USPTO）。2000 年 11 月，根据《美国发明人保护法》，USPTO 被确立为商务部下属的绩效单位，以更加商业化的方式运作，在人事、采办、预算以及其他行政职能上享有实质性的自治管理权。其主要办公地点位于弗吉尼亚州亚历山大城。

USPTO 的主要职能包括：①专利授权与商标注册；②为发明人提供与其

专利或发明、产品及服务标志相关的服务；③通过实施专利与商标等知识产权相关法律，管理专利、商标以及与贸易有关的知识产权事务，并向总统和商务部长提出相关政策建议，为增强国家经济实力出谋划策；④为商务部和其他机构提供涉及知识产权事务的建议和帮助；⑤通过保存、分类和传播专利信息，帮助、支持创新和国家科技发展。

现行《美国专利法》的专利保护期为自申请日起20年。USPTO专利申请审批流程是：由发明人或其授权之人提交申请 → USPTO受理部门接收，确定收到日并给出申请号 → 由申请部门进行形式审查并确定申请日，完成文件处理和数据采集，同时由权利转让部门处理涉及权利转让事务 → 分类 → 按分类号将申请分配到审查部门进行审查。审查流程主要包括：形式审查和检索、实质审查、申请人答复、再次审查、作出最终决定等内容 → 对决定不服的可向专利申诉和抵触委员会提出上诉。

7.5 孵化器

1959年7月8日，世界上第一个孵化器在美国纽约的巴达维亚正式成立，当时的主要考虑是为了复兴当地经济和解决就业问题；1975年，英国建立了第一个孵化器，目的是创造更多的工作机会；1983年，柏林大学建立了德国第一个孵化器，目的是为了促进研究向产业方向转移；1985年，在索菲亚－安蒂波里科技园建立了法国第一个孵化器。目前德国的孵化器数量占欧盟成员国孵化器总量的1/3，而且拥有欧洲最大的孵化器协会；法国的孵化器数量占欧盟成员国孵化器总量的21%。

孵化器，也叫企业中心、商业和技术中心或者叫创新中心，其概念是从1950年代逐步发展而来的。对于创新型企业，特别是初创的创新型小企业，进入孵化器进行孵化是一个不错的选择，因为孵化器的主要目的就是为孵化企业提供合适的环境，持续地支持企业，以帮助企业初步实现产品商业化，并在成长和在市场中获得竞争力。

7.5.1 孵化器的定义

孵化器的定义并不完全相同，主要有：

欧盟委员会战略和评估服务中心对孵化器的定义是：将新成立的企业集中在一个有限空间的场所，其目的是通过提供装备有必需设施的模块化建筑和管理、服务，提供这些企业成活和发展的机会。

美国国家孵化器协会对孵化器的定义是：孵化器是企业发展中的一个动态过程，包含的范围很广，目的是帮助企业在初创阶段降低失败的风险，加速企业发展，主要提供三个方面的服务：①创业者的环境和培训；②获得创业导师和投资者；③可见的市场。

Oliver Brooks ㊀认为：孵化器是一个为创业者提供相关服务的多租户设施，这些服务包括灵活的租赁方式、提供共享的支持服务以减少创业企业日常管理费用、某些专业和管理上的帮助、获得种子资金支持的渠道。

Hackett S. M. ㊁认为：孵化器是一个为在孵企业提供战略和增值服务体系的共享场所，该体系控制和连接着相关资源，其目的是为了支持在孵企业的发展，它是一个个人和组织的网络。

孵化器提供的服务主要有：低于市场的租金、较低的价格或者免费的企业援助、为孵化企业获得资金提供帮助、较低的价格或者免费的共享服务、灵活的租赁方式、人员培训和定制服务、3~5 年的“毕业政策”。

孵化器的作用：对于国际市场来说，孵化器为贸易和技术转移创造了机会；对于一个地区来说，孵化器构建一种自尊和创业的文化；对于研究机构和大学来说，孵化器能够增强与企业之间的互动，提升研究的产业化水平；对于政府来说，孵化器帮助政府克服市场失灵，促进地区发展和创造就业；对于租户来说，孵化器可以提升企业成功的可能性。

孵化器对经济发展主要有两个方面的贡献：①通常在经济衰退的时候支持中小企业的发展；②支持特殊行业、地区或者创业企业。

7.5.2　孵化器的分类

孵化器的发展经历了一个逐步完善的过程，而且现在也在不断适应新的形势的要求。孵化器的概念虽然在 1950 年代就已经存在，但在 1980 年代之前都没有得到快速的发展。在 1980 年代，第一代孵化器仅仅是为那些有潜力的新建企业提供办公设施，到了 1990 年代以后，新建企业的需求有所提高，孵化器也认识到了这些需求的多样性，并提供商业咨询、技能提升、网络等支持，这样就逐步催生出了各种类型的孵化器，为新建企业提供更多的增值

㊀Oliver Brooks, Jr. Economic Development Through Entrepreneurship Incubators and the Incubation Process. Economic Development Review, Summer 1986: 24-29.

㊁Hackett S. M., Dilts, D. M.. A Systematic Review of Business Incubation Research. Journal of Technology Transfer, 2004, Vol. 29: 55-82.

服务。

1. 根据提供资金的来源划分

根据提供资金的来源，孵化器可以分为国家资助的孵化器和个人资助的孵化器。

国家资助的孵化器是指资金来源于国家、地方政府和研究中心等。

个人资助的孵化器是指资金来源于商会、私立大学、协会等。

2. 根据运作的模式划分

根据运作的模式，孵化器可以分为实体孵化器和虚拟孵化器。

实体孵化器是指提供物理的基础设施，孵化过程发生在专门设计的建筑物内。

虚拟孵化器，也叫没有围墙的孵化器，它不提供专门设计的物理空间，而是通过互联网提供服务。

3. 根据孵化器所提供的服务划分

根据孵化器所提供的服务，孵化器可以分为五个类别：

（1）传统的孵化器　其目的是发展那些传统的、技术快速发展的企业，如纺织业等。

（2）技术孵化器　它主要支持那些经过研发之后、已经有自己的产品和服务的企业，如生物技术、计算机等。

（3）文化孵化器　它主要支持文化活动（音乐、雕塑、摄影等）。

（4）社会孵化器　它主要支持社会活动。

（5）农业孵化器　它主要鼓励农业方面的创新。

4. 根据孵化器所在的地点划分

根据孵化器所在的地点，孵化器可以分为城市地区孵化器、农村地区孵化器和郊区孵化器。

5. 根据是否关注商业化划分

根据是否关注商业化，孵化器可以分为前商业化的孵化器和商业化孵化器。

前商业化孵化器关注以技术为基础的新建企业的创建过程，或者把重点放在大学（研究机构）产品的商业化过程。

6. 根据孵化器的目标区域划分

（1）大学孵化器或研究孵化器　其重点是基于研究中心或大学的研究思想的商业化，通常关注技术的专门开发。

（2）区域孵化器　它通常由大学、研究机构、金融机构和现有的行业等几个组织共同组成，并得到区域政府的支持，这类孵化器有更加广泛的目标，包括创造更多的工作机会、利用大学的能力创造新的技术等，从本质说，这种类型的孵化器是不以营利为导向的。

（3）私人发起的孵化器　多数情况下，这种孵化器能够以向新建公司提供租赁空间的方式获得利润，它们更加积极地引进技术型企业，私人孵化器也可以与政府进行合作以开拓更广的商业领域。

（4）位于科技园区里的孵化器　这种类型的孵化器数量一直呈现上升趋势，孵化企业会增强科技园区的竞争力，确保科技园区的持续发展。

尽管孵化器的形式多种多样，但它们的运作流程基本相同，都是为了帮助早期新建企业克服困难、解决问题。

7.5.3　孵化的过程

一般来讲，一个企业的完全建立需要经历以下四个阶段：

思想的萌发阶段：这是建立企业的思想形成阶段，也就是对如何建立企业一个有初步的想法。

尝试阶段：新的企业在这个阶段形成，包括市场可能性和灵活性的初始研究、对产品进行完善、管理团队等。

发展阶段：在这个阶段，市场研究仍在持续，产品原形已经完成，管理团队在扩大。

成熟阶段：在这个阶段，产品全面运行，市场也得到了充分发展。通常来说，在思想的萌发阶段和尝试阶段，往往存在着断口，有很多很好的思想因为多种原因最终没有发展成为企业，如果这种断口越大，创业者从事冒险的可能性就越小，孵化的目的就是要在这种断口上搭桥或者填补上这个断口，使更多的创业者敢于进行尝试，孵化器就是这种载体。

孵化前（起步阶段）：包括需要支持创业者的所有活动，如开发商业理念、商业模式、商业计划等。

孵化阶段：这是一个中间阶段，一般要持续三年左右。在这期间，为在孵企业提供相关的服务，同时要监测企业是否能够成功，是否有好的机遇发展成为一个成熟的企业。

孵化后（扩展阶段）：在这个阶段，企业已经达到了成熟，而且准备离开孵化器去独立运行。

孵化的过程如图 7-2 所示。

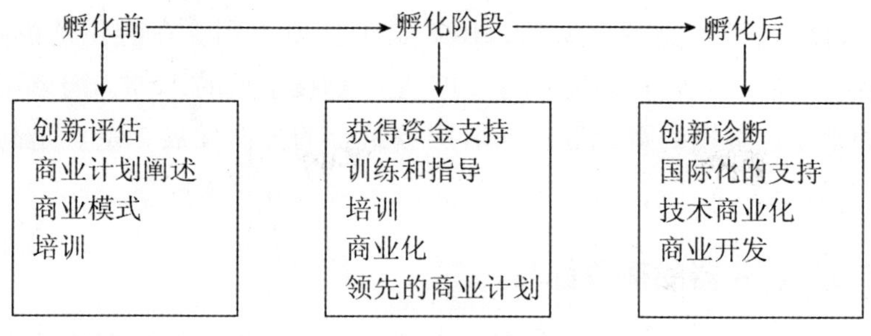

图 7-2　孵化的过程

各个国家或地区孵化企业的成活率，如表 7-3 所示。

表 7-3　各个国家或地区孵化企业的成活率

国家（地区）	成活率
美国	85%（两年期孵化）
欧洲	89%（三年期孵化）
德国	90%（三年期孵化）
巴西	80%（三年期孵化）

资料来源：Camelia Moraru, Alexandru Rusel. Business Incubators – Favorable Environment for Small and Medium Enterprises Development. Theoretical and Applied Economics, 2012, Vol. 5 (570): 169 ~ 176.

7.5.4　美国的孵化器

世界上第一个孵化器诞生在美国，美国也是全球孵化器数量最多的国家。1980 年代，美国的孵化器数量不到 100 家，到 2010 年增长到了 1800 多家，孵化的时间一般 2 ~ 5 年。美国政府也为孵化器的发展起到了重要的推动作用，通过立法、提供政府资助等方式予以支持。

在美国，孵化器可以通过正式和非正式的方式获得支持。正式的方式包括资本基金，该基金是国家通过立法以竞争性补助的形式用于孵化器的基础设施建设，还包括为新建企业提供支持的补助金以及来源于国家经济发展机构的基金。非正式方式包括对投资孵化器的企业以税收抵免的方式给予的税收优惠、支持当地政府投资孵化器的低息贷款以及私人合伙公司基金。

在分布上，根据 2010 年的统计数据，有 40% 的孵化器位于城市地区，有 35% 的孵化器位于郊区，有 25% 的在农村地区。在有专职管理人员的孵化器中，其主要的资助者有 37% 来自大学，19% 来自非营利机构，18% 来自政府，

9%没有资助者，7%是混合型的，10%属于其他类别。在孵化器的类型上，53%是混合型的，33%是科技型的，9%是生物技术型的，5%属于其他类型。

总的来说，美国的孵化器正向着服务组合的方向发展，重点是高附加值的服务。

7.5.5 孵化器的衡量标准

一个成功的孵化器需要具备五个方面的条件：①为了实现孵化器本身的成功，需要建立一套清晰的衡量指标；②为孵化企业提供创业领导力；③为孵化企业提供增值服务；④建立一套合理地选择孵化企业的流程；⑤确保孵化企业获得所需的人力资源和资金。

衡量孵化器的绩效，有很多指标，包括经济发展、技术多样性、创造的工作机会、企业利润等。有的可以通过孵化企业的绩效来衡量孵化器的绩效，有的通过与其他孵化器的比较来进行衡量，有的通过孵化器对社区或地区影响力的水平来衡量，有的通过孵化企业的存活率和质量来衡量，还有的通过为新建企业提供服务的能力来衡量。

总的来说，可以从以下四个方面来衡量孵化器的质量：

1. 孵化企业的毕业率

在孵企业可能有很多种原因从孵化器毕业，如企业已经发展成熟、孵化器和在孵企业达成一致的意见等。毕业率能够表明在孵企业在孵化器里已经使用了可以获得的资源，而且已经实现了一定的成功。毕业的企业已经具备了企业独立运行的资格，超越了孵化器的需求。一个孵化器是否成功，其中之一就是要看它帮助在孵企业实现目标的程度。但需要说明的是，只有在毕业的标准和目标明确以后，毕业率的统计才可能是有意义的。

2. 孵化企业的成功率

孵化企业的孵化结果主要表现在以下五个方面：①在孵企业成活了而且利润增长；②在孵企业成活了，正在朝利润增长的方向发展；③在孵化企业成活了，但没有增长，也没有利润或者只有少量的利润；④在孵企业在孵化期间就已经终止了，但损失很小；⑤在孵企业在孵化期间就已经终止了，但损失很大。

第①、②、③被认为是孵化企业的成功，第④、⑤表明在孵企业的失败，但尽管如此，我们也不能认为在孵企业在毕业之前的失败是由于孵化器没有效率，而反映出来的问题是市场力量。

3. 孵化所创造的工作岗位

孵化器最重要的一个目标之一就是对当地经济的贡献，因此这也是衡量孵化器绩效的一个重要方面，通常就是用在孵企业所雇用的全职和兼职员工的数量作为指标。需要说明的是，孵化所创造的工作岗位并不是指孵化器本身所创造的，因此这个指标应该是衡量孵化器绩效的间接指标。

4. 在孵企业的薪酬

一段时间内，在孵企业的薪酬变化可以用来衡量企业总体的财务状况，也能反映出企业实现毕业目标过程中的进展情况。通过比较在孵企业和毕业企业以及周边企业的薪酬，可以了解在孵企业的平均薪酬处于什么样的位置，在孵企业处于一个什么样的发展阶段。

有研究表明，接受了强有力支持的孵化器发展更快，而且都位于并不是很有吸引力的地区；孵化器的发展与创业文化是一致的，也就是说，创业文化的氛围越浓厚，孵化器发展得越快。

5. 孵化器的支持网络

其中支持网络最为重要，支持网络可以使创业者了解他们可以去哪里寻求帮助。支持网络可以提供专业的管理知识。比如，如果孵化器打算为制造类企业提供服务，那么服务的网络就应该包括供应商、分包商和其他制造类企业名单等内容；如果为高科技企业服务，服务网络就应该与知识、研究和开发等组织有密切联系，而且自身也要具有专家的独到眼光。当然服务网络可能会非常复杂，这种复杂性与孵化器所服务的行业的复杂性是直接相关的。

在孵化的过程中，孵化器与大学（研发机构）的积极连接是非常重要的，大学（研发机构）的角色主要有两种：①对企业的员工进行再培训，这是短期目标；②通过孵化企业，围绕经济发展目标培育整个孵化器，这是长期目标。第二个角色更重要，因为它通常能够增强本地对创业者支持的氛围，促进企业的建立和发展。

7.6 案例

7.6.1 Ultem 的发现到商业化

1970 年，Joseph Writh 在通用电气的研发实验室发现了一种新的树脂，这种新的树脂叫聚醚酰亚胺（Polyethermide，PEI），目前有好几百种用途。尽管从一开始 Joseph Writh 就得到了各方面的支持，并获得了巨大的成功，但从实验室发现到商业化应用再到完整的产品，历经了 15 年的时间。

作为通用公司的研究化学家，Joseph Writh 一直在寻找一种化学反应，这种化学反应能够通过注塑处理形成耐高温的材料，在这个过程中 Joseph Writh 发现了 Ultem。但从实验室到市场，却不是简单的事情，Joseph Writh 自己就花了好几年的时间在通用公司的硅树脂部门学习如何将技术创新的结果商业化。

通用公司对 Ultem 的商业化也给予了大力支持，成立了独立的 Ultem 产品部门，并将其作为一个小型企业来运作，指派一名企业经理负责，各部门的经理包括产品开发经理、制造经理、市场经理、技术经理都要向该企业经理汇报，Joseph Writh 是其中的技术经理。

在通用公司商业化生产 Ultem 之前，就已经在材料方面投入了 5000 万美元，花了两年时间建了一个试验工厂来生产样品，又花了三年时间建造了第一个商业化设备。但技术开发的道路并不平坦，Joseph Writh 回忆说："我们遇到过重大的障碍，一度跌入低谷，因为我们并不知道如何解决它，但当我们解决完了每一个问题都欢呼片刻之后，又遇到了下一个大问题"，但凭着顽强的、锲而不舍的创新精神，Joseph Writh 和他的团队最终解决了所有的技术难题。

像 Ultem 的发现可以说是技术上的突破，它的潜力较早的就被大公司所认识到，通用公司提供了长期的资金和组织上的支持，最终使 Ultem 从实验室走向了市场。

7.6.2 企业的专利策略

1. IBM 公司

在 1990 年代，IBM 公司采用了管理知识产权的战略方法，而不仅仅用知识产权作为防御屏障以阻止对手在某一领域的渗透。IBM 公司积极响应来自开源社区的挑战，2005 年，该公司宣布将给予致力于开源软件开发的个人、群组、社区和公司使用该公司 500 个软件专利的自由。同时 IBM 公司向那些愿意支付使用费用的公司许可它的专利和技术。这种开放式创新的模式使得公司获益匪浅，IBM 公司在 2009 年获得了 3.7 亿美元来自许可的收入，同时获得了 2. 28 亿美元知识产权销售和转移的收入。

2. 英国剑桥显示技术有限公司

1989 年英国剑桥大学发明了发光聚合物（LEP），其后英国剑桥显示技术有限公司（CDT）研制了基于 LEP 的发光显示器，同时该公司控制了与 LEP 技术相关的 130 多个专利，包括材料、设备架构、制造流程等，并在该领域以先进的技术和制造流程而闻名世界。CDT 所拥有的知识产权的强度和密度意味着第三方 LEP 材料和显示制造商不得不向 CDT 支付相应的专利使用费。2004 年 CDT 通过抵押知识产权的方式又成功地引入 1500 万美元的资本金。CDT 的实践证明，即使是小公司，一旦拥有最高级别的知识产权，也能获取大量的资金以支持企业的发展。

3. 陶氏化学

从 1990 年代开始，陶氏化学（DOW）就开始密集地检查它的知识产权和相关的权利，并建立了知识资本管理流程（ICM），并且在每一个主营业务中都建有一个知识资本经理所管理的多功能 ICM 小组，这个小组由科学家、商业人士和专利方面的专家组成。

一般来讲，一项新的发明是否申请专利是业务部门的权利和责任，但在 DOW 的做法又不完全一样。该业务部门的知识资本经理会与其他业务部门进行沟通，看新的发明是否能在其他业务部门有所用处。如果一个业务部门打算放弃或许可一项专利，那么在最终决定之前，其他的业务部门会对此进行评论并向高级管理人员提交报告，这种联合起来共同参与的方法确保了资源不会被浪费在那些技术上可行但没有商业应用价值的专利发明上。同时，知识资本经理也会与每一个业务部门的关键决策者合作，以识别支持特殊战略所需要的知识资本。

4. 诺和诺德公司

在 1990 年代，当诺和诺德公司（Novo Nordisk）进入美国生长激素和胰岛素市场的时候，就面临着与基因泰克公司（Genentech）的纠纷，直到 1998 年，这场纠纷才最终以两家公司签订全球交叉许可协议而结束，这使得诺和诺德公司认识到该市场的竞争强度和在吓阻竞争者方面，知识产权的重要性。

研究项目一开始，诺和诺德公司的市场信息团队就开始进行广泛的与专利相关的检查，以明确专利地图（Patent Landscape），同时避免自由使用权的纠纷。在一系列程序完成之后，专利律师就会介入，并建立一个特别小组以管理所有与专利相关的事务。当研究达到一定程度的时候，也就是选择出混合物以进一步开发的时候，内部工作团队和公司外部的第三方专家一起就自由使用权的问题进行分析并形成报告，由专利律师和一组高级经理进行评议并决定是否开始下一阶段的研发。当项目进入到全面开发的阶段，专利部门、研发、销售和产品管理团队会持续地进行互动以抓住取得专利权的机会。

5. 惠普公司

惠普公司的专利数量从 1997 年的 530 件增加到 1998 年的 804 件，研发经费从 1995 年的 10.5 亿美元增加到 1996 年的 20 亿美元，到 2000 年增加到 20.5 亿美元。惠普公司始终围绕着商业目标，加强对于专利的管理，运用专利支持商业目标的发展：①寻求运用知识产权法律来保护公司的创新；②在创造新产品的过程中，寻求获得自由的设计，而不会与其他的公司和个人已经拥有的知识产权发生冲突；③三是寻求管理和提升公司在知识产权方面的兴趣。

惠普公司在运用专利方面主要有两个目的：一个是防卫，在别人之前就获得专利，同时用已经获得的专利作为反击的武器；另一个是进攻，就是运用专利来保护自己公司的市场以反对市场里的免费使用者。

惠普公司将专利分为两类进行管理：一类叫低价值专利，是基于公司的核心技术和核心产品，也很容易识别；另一类叫高价值专利，也叫基于市场的专利或战略性专利，目的是要覆盖公司竞争者的产品、代用品和公司的互补品，也包括下游客户的产品和上游的供应商。

第 8 章

服务业和中小企业的创新管理

在当今的经济大潮中，服务业扮演着非常重要的角色，已经成为经济增长的强劲驱动力和一个国家综合竞争力的重要源泉。之所以重要，原因是：①服务业对于产品和就业的增长有巨大贡献；②服务业已经与其他经济活动建立了相互依存关系。在欧洲，服务业的 GDP 占整个 GDP 的 2/3，同时也吸纳了 2/3 的就业人员。在过去的 20 多年里，服务业是欧洲经济中唯一创造就业增长的部门，其创新的潜力也受到了更多的关注和支持。但在过去相对较长的一段时间内，与制造业相比，关注服务业创新比较少，正向欧盟委员会所认为的那样："服务业长期以来被认为是没有创新的，但实际上它们也在创新，尽管通常与制造部门采取的方式不同。由于忽视服务业对于欧洲经济发展的重要性，很多支持创新的政策工具仍旧集中在技术创新。"

中小企业的发展也越来越受到世界各国的重视，中小企业不仅在数量上众多，而且在发展方面更加灵活、能够更好地适应自身的变化、组织结构比较简单、能够解决大量的就业等方面都展现出中小企业的优势，而这些因素都能够促进中小企业的创新。但在一些中小企业当中，还没有建立管理创新思想的体系，很多创新型的中小企业都缺乏系统的方案，他们认为员工提出创新型的思想是员工职责的一部分，已经包含在员工的薪酬当中，因此没有理由给予什么额外的奖励。

8.1 服务业的创新管理

在制造行业，人们一直都在研究创新，创新理论也正是在这个基础上得到发展的，而关于服务业的创新研究却不多见。但事实上，服务业的创新也是无处不在的。相对于制造业，服务业很少有自己的研发部门，而且其创新模式相对于制造业来说更容易模仿，因为一般来讲，制造业的创新比较复杂。

8.1.1 创新的类别与流程

1. 类别

根据服务业的特点，服务业的创新可以分为：服务创新，也就是所提供服务的自身创新；流程创新，在创新流程中，由专门的服务所产生的新的和改进的方法；组织创新，包括广泛的组织结构的重要提升等。

从具体类型上说，可以有六种不同的类型：①对市场来说是新的服务；②对企业来说是新的服务；③新的传递流程；④服务的完善；⑤服务线的扩展；⑥服务的重新定位。

在服务行业的创新中，有三种范式，第一种是技术--经济范式，重点是作为核心创新流程的技术发展；第二种是企业家范式，重点是作为核心创新流程的企业家行为；第三种是战略创新范式，重点是将企业的战略作为核心的创新决定因素，创新主要是市场驱动，所有的创新都必须在战略之中，以防止企业的行为失控。

2. 流程

服务业的创新流程可以分为四个步骤：

（1）创新思想的产生　创新思想来源于组织中某个地方的一个人或几个人，它们可能是偶然从报纸、客户或者其他服务公司获得的。

（2）转化为创新计划　当创新的思想“成熟”的时候，管理者就要决定是否继续进行创新。

（3）开发　如果管理者决定要继续进行创新，那么就要建立项目组，将创新思想发展成为一个原形，包括市场可能性的调查，如创新是否能够推向市场，是否为企业提供另外一种市场优势，这是一条非常重要的标准，如果是产品或是市场创新，原形通常还要在顾客群中进行测试。

（4）实施　开发出原形之后，管理者要决定是否将创新作为一个商业产品、组织变革或者其他什么来实施，并由相关部门来进行。

虽然有这四个步骤，但在服务业的创新中，也并不意味着创新流程就是平稳的、理性的、线性的，有时往往是复杂的、非线性的甚至是混乱的。

8.1.2 服务业创新管理的主要内容

1. 战略

战略是指基于时间成本的战略定位和资源分配决策。在创新战略中，新的技术、市场开发和创新项目都需要进行评审，以便能够更好地适应组织的目标。为了实现这些目标，可以采用 RRR 型的创新战略，RRR 是指快速（Rapid）、反复（Reiterative）和再开发（Redevelopment）。

2. 流程

流程代表了经过训练的实践程序，是为了在时间和预算的范围内，有效而又高效地控制从创新思想到创新产品成功开发的整个创新流程，这种控制能够形成高水平的产品商业化。

3. 组织

在一个创新型组织中，需要整合一系列的结构和内容，以便更好地开发新产品，其主要特征是：在创新流程的所有阶段，包括从上游的供应链到下游的客户，人们都互相协调地开展工作，实际上是一种跨功能的组织形态。对于一个具体的创新项目来说，跨功能的团队影响着创新活动，能使创新更加活跃。

4. 工具

作为现代工具，计算机信息技术对服务业创新的成功与效率起着非常大的甚至是决定性的作用。计算机信息技术能使一个组织拥有相互协作、具有创造性的工作场所，从而减少了环境的复杂性。在常见的过程控制中，使用计算机信息技术的成员之间可以共享知识和经验。知识共享可以提高创新流程的速度和及时性，经验共享能够促进组织与竞争者比拼服务。数据分布的快速性也使计算机信息对系统整合产生积极的影响，降低了数据传输的成本，提高了服务的可靠性。当然，除了计算机信息技术之外，通过日常储存的信息，也可以评估和控制完整的创新项目。

5. 系统

为了获得开发服务和产品的新思想，同时也是为了完成企业的目标，需要在内部功能和外部组织之间建立社会整合，也就是利益相关者内部的连接。这种连接能够在客户需求和期望的基础上，探索和设计出新的服务和产品，在这种连接的内部，客户与其他利益相关者有一个比较紧密的关系。

8.1.3 有效管理服务业的创新

根据有关研究，创新企业中每名员工的平均销售额是非创新企业的两倍，而且发展速度要快 20%，同时，服务型企业的绩效不仅要依靠创新本身，而且还依赖于投入创新的资金数量以及创新的类别。

与制造业相比，服务业的创新管理存在一定的难度：①服务产品的“模糊性”，为识别和衡量创新、改善和变革带来了一定的困难，因为服务创新并没有实际的产品；②学者们好像更加愿意研究制造业的创新；③服务创新对于组织绩效的影响难以直接观察到；④服务创新能够相对较快地运用，这样就很容易被模仿，因此服务创新的重点在于它的持续性，比新颖性更重要。

在服务业的创新管理中，第一要做好的就是创新流程的正规化，要设计好创新流程以便能够掌控创新，也就是说为了开发新的或提高现有的服务，需要有正式的、可复制的流程，包括：为满足创新流程不同阶段的需要，对智力、组织和物质资源进行识别和投入；制订创新战略和合适的绩效管理及激励体系等。创新流程的正规化可以使创新的流程更有利于创新的预测和管理，加快新服务的开发速度。

第二是创新的组合。创新需要内部和外部资源的整合，需要组织内各部门的协调，需要一线员工其他内部参与者的配合，还需要客户、供应商和其他创新伙伴的支持，因此创新是一个复杂的系统工程，其中比较重要的是客户要参与到服务创新中来。客户参与到服务创新中来，可以使客户与创新者更好地互动和交流思想，触发服务创新的产生和发展，客户参与的创新活动最终所产生的价值要比创新者独立开展创新活动所产生的价值更高。

第三，营造创新的氛围。创新的氛围对于服务创新是非常重要的。首先是面对面的交流，这可以减少沟通的层次，使沟通更为直接，可以更加明确地表达个人的思想，使之更加趋向创新的目标；可以共享知识和经验，减少冲突，使团队更具创造力。其次是建立市场导向。创新的本质就是要把创新思想商业化，没有商业化的过程，没有进入市场，就不是真正的创新。市场导向可以使创新思想更加符合市场和客户的需求，获得可靠的市场份额，同时市场导向可以使创新产品获得更多的利润，使创新者有成就感，反过来又能激励创新者持续创新。

第四，每天创新。创新应该是每天都做的事情，应成为工作中不可分割的一部分，而不能是独立的某一个开发计划，这与制造企业有很大不同。在制造企业，一个研发部门可以独立承担创新活动，而这种情况在服务型企业并不多见。当然，如果要让创新每天都在发生，需要一些具体的运作方式来支撑，如跨专业、跨部门的联席会议，共同研究开发新的思想，根据职能的不同划分工作范畴等。

第五，充分利用员工的创新潜力。事实上，每名员工都有创新潜力，关键是如何开发利用，很多员工的创新潜力都没有真正使用过。充分利用员工的创新潜力就要采用自下而上的创新方式，因为自上而下的方式风险更大，也更容易失败。同事的参与也非常重要，同事之间的沟通和理解对于创新能起到积极的推动作用，这一点在不同的文化、不同的企业中都是适用的，没有哪一个创新能靠一个人独立完成，在服务型企业中这种情况尤为明显。

8.2　中小企业的创新管理

8.2.1　创新的主要内容

对于中小企业的创新，应该注意以下两个方面的问题：

一是中小企业不仅要关注产品和服务的创新，而且也要开发管理知识和技巧以及有效地运用财务、战略和市场营销计划等，这样能够帮助中小企业组织和运行它们的商业活动。

二是争取获得更多的政府支持。与大企业相比，中小企业在资金、人才等方面明显不足，因此要主动与政府相关部门联系，建立良好的沟通渠道，获得更多的政府支持。政府也应该为中小企业特别是微小企业提供更容易获得的信息和更低的门槛。

中小企业技术创新运行的框架图，如图 8-1 所示。

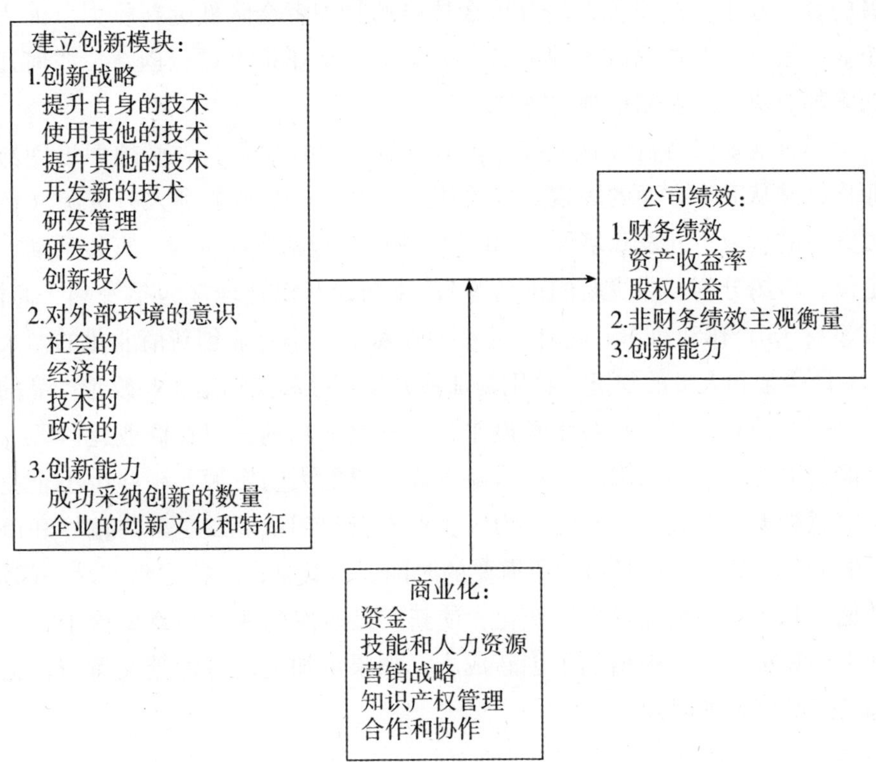

图 8-1　中小企业技术创新运行的框架图

根据 Antonio Hidalgo ㊀对中小企业的研究，创新管理将技术与商业策略结合起来，提升了中小企业的竞争优势，产生了明显的效果。创新管理的效果研究统计如表 8-1 所示。

表 8-1　创新管理的效果研究统计

创新管理的效果	增强了灵活性和效率	帮助经理有效管理知识	提高了生产效率	改善了与供应商的关系	获取了在线营销信息	促进了团队工作	整合了客户信息	减少了成本	消除了多余的流程
被访问者所占比例	86%	76%	73%	72%	69%	67%	66%	65%	64%

不管中小企业是否拥有外部的支持，很多内部的因素都会影响中小企业的创新绩效，如中小企业的特征、政策、企业所有者先前的工作经验、劳动力的技术技能、研究与发展的投入等。研究表明，中小企业的创新活动与管理者的教育水平直接相关，没有什么技能的管理者会降低创新能力，因为中小企业一般是由企业家或创建者领导着企业，企业是否进行创新、如何开展创新等都取决于企业家精神的特质。

中小企业要保持持续地发展，占有一定的市场份额，就必须促进创新的商业化，并从五个方面的因素加以关注：①融资；②技能和人力资源（包括人力资源的获取、开发和培训）；③营销战略（包括产品发布、宣传活动、市场定位、市场分割、寻找新的市场等）；④知识产权管理（包括专利、商标、版权等）；⑤合作和协作。同时，也要克服影响中小企业创新商业化的两大障碍：一是资金和人员的缺乏，特别是那些开发产品和能够销售和改善产品的人员。对于一种新产品，从技术角度来说，它是成功的，但在商业化阶段，往往可能会失败，主要原因之一就是缺乏高质量的人力资源。一些中小企业有时候愿意被大企业收购，就是因为大企业有营销团队。二是客户偏好和市场需求的变化要快于新产品研发所需要的时间。也就是说，往往新产品一问世，客户偏好和市场需求又发生了变化，使新产品研发的速度始终要慢于客户偏好和市场需求，无形中增加了创新成本，如果再加上内部的繁文缛节，也会延长新产品研发的时间。

㊀Antonio Hidalgo. Jose Albors. Innovation Management Techniques and Tools：A Review from Theory and Practice. R&D Management，2008，Vol. 38（2）：113－127.

中小企业的创新流程包括五个核心流程和四个保障流程；如图 8-2 所示。

五个核心流程：①创意的产生；②产品设计；③开发和检测；④流程创新；⑤生产和营销及分布、反馈。

四个保障流程：①知识和技术管理（知识的开发和管理）；②资源（人力资源和财务资源）；③领导力和文化（高层管理的领导力和方向以及创新性文化）；④系统和工具。

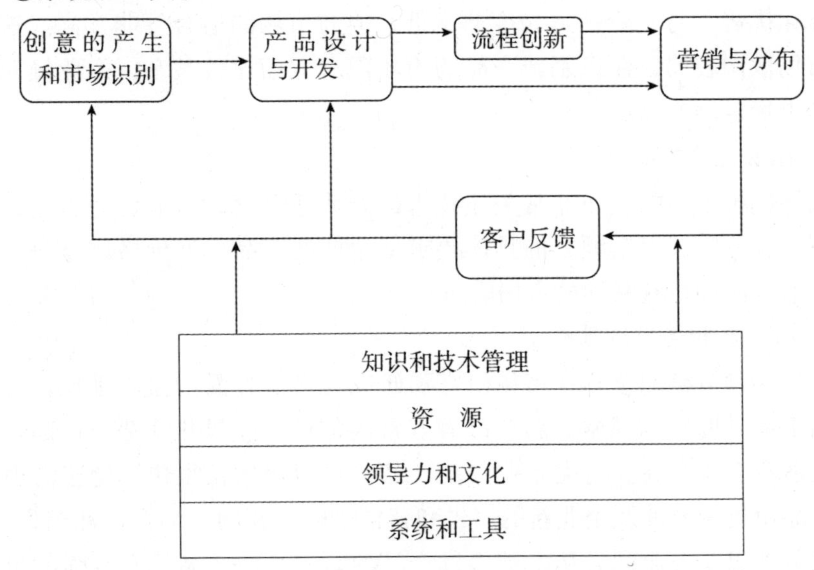

图 8-2　中小企业的创新流程

8. 2. 2　新产品的开发

对于中小企业来说，新产品的开发关系到它们的生存与发展。但要实现创新，必须使创新成本最小化，因为与大企业相比，中小企业资金受到更大的限制，更多的人力资源瓶颈，通常由于销售和利润的不足，很难有更多的创新产品，因此中小企业必须找到一条适合自己的路径来获得较高的创新绩效。关于产品创新，企业有很多可以选择的策略，这需要企业根据自身的情况而定，总的来说，企业产品创新战略可以分为以下五种。

1. 防卫策略

选择这类策略的企业在推进产品创新时，其新产品要非常适合企业的生产技能、条件和技术、研发水平和企业的资源，新产品的市场也要非常适合企业的发展定位、现有的销售渠道、销售队伍的能力以及广告和促销资源。企业选择这种策略时，其产品创新往往是被动的，呈现的是防卫型的定位，并不追逐新的市场。新产品研发专注的是大众市场而不是定制产品，新产品与过去的产品紧密联系。这类新产品的产品差异优势很低，也没有太高的品质和独一无二的特征。该类企业的增长率和发展潜力也很低，缺乏价格竞争力，新产品本身也很难有一个好的价格。

2. 不聚焦的和差异化的策略

选择这种策略的企业的新产品与其他产品没有什么联系，有非常高的产品差异化优势，与企业的适合度非常低，但与市场的适合度非常高。这类产品的市场取向较弱，在识别新产品的市场需求方面比较被动，企业倾向于为不同的市场定制产品。

3. 技术进攻策略

选择这种策略的企业非常关注技术的企业适合度，但缺乏对市场的企业适合度，企业尝试根据顾客的具体要求来生产新产品，但价格比竞争性产品要低，新产品项目有强烈的市场取向。

4. 高预算和高风险策略

选择这种策略的企业在市场研究和研究与发展方面的投入都比较大，为了开拓市场甘愿冒高风险。新产品有非常高的产品差异化优势，产品、技术的企业适合度非常高。这类企业的新产品市场份额增长很快，增长潜力也很大。产品市场需要涉及企业新的广告和营销策略、新的影响渠道和销售队伍、新的竞争者以及企业过去从未销售过产品的客户。该产品具有较强的价格竞争力。

5. 保守策略

选择这种策略的企业的新产品研发项目非常保守，但风险较低，企业关注的是国内市场而非出口。新的产品市场也涉及企业新的营销渠道、新的竞争者和客户以及新的客户需求，倾向于为客户定制产品而不是面向大众市场，同时努力使新产品价格低于竞争产品。这类企业的产品、技术、市场与企业的适合度都很低。

那么企业到底选择哪一种产品创新策略才更可行呢？应该说各种策略都有其适合的一面，企业在选择时要谨慎，避免孤注一掷。有研究表明：相对于其他产品创新策略，选择技术进攻策略的新产品的成功率最高，盈利能力最强，同时在新产品商业化之前该产品就被终止的概率最低，其他依次是保守策略、不聚焦的和差异化的策略、防卫策略、高预算和高风险策略。

8.2.3 支撑中小企业创新的组织结构

创新需要企业的组织结构的支撑，没有一个能够支撑创新活动的组织结构，创新是不可能顺利实现的。比如，激进式创新和渐进式创新就需要不同的组织结构。对于支撑创新的中小企业组织结构，可以从战略、流程和组织三个方面来分析。

1. 战略

战略，包括企业战略和企业优势。

（1）企业战略　它是指企业根据环境的变化，依据自身的资源选择合适的经营领域和产品，以形成自己的核心竞争力。有一个明确的战略对于中小企业是至关重要的，也是创新绩效的重要驱动者。如果企业选择传统的战略，那么企业倾向于渐进式创新；如果企业选择进攻型战略，则企业倾向于激进式创新。

企业战略可以分为分析者和勘探者两种。分析者战略试图保持一个稳定的、有限的产品线或服务线，同时监控经过认真选择的有发展前景的新产品和市场开发。选择分析者战略的中小企业更适合渐进式创新。勘探者战略持续地寻求市场机遇，定期对新兴的市场进行试验，选择这种战略通常是变革的创造者。选择勘探者战略的中小企业更适合激进式创新。

（2）企业优势　具有较强优势的中小企业极少会改变它们的行动以跟上市场和竞争者，同时它们能够控制自己的环境。环境可以用动态性和裕度来表示，环境的动态性是指环境的变化与环境变化不可预见性之间的比率；环境的裕度是指环境能够支持持续增长的程度。对于中小企业来说，具有并保持一定的优势对于实现预定的目标是非常重要的。

对于中小企业来说，如果采取渐进式创新，则应该是分析者的创新战略与较低水平的企业优势的相结合；如果采取激进式创新，应该是勘探者的企业战略与较高水平的企业优势相结合。

2. 流程

流程，包括形式化和营销研发的集成。

（1）形式化　它是指覆盖企业在职人员权利和义务的规则体系，也是处于工作运行状态的流程体系。调查发现，有60%的成功组织都使用正式的流程。正式的流程对新产品开发有着积极的影响。高水平的形式化与渐进式新产品开发有正相关的关系，而低水平的形式化又是激进式产品开发成功所必需的。

（2）营销研发的集成　它是指营销与研发之间的沟通和合作程度，涉及跨功能的合作，这种合作对于新产品的开发是非常关键的。

对于中小企业来说，如果采取渐进式创新，应该是较高水平的形式化与营销研发集成相结合；如果采取激进式创新，则应该是较低水平的形式化与营销研发集成相结合。

3. 组织

组织，包括氛围、文化和团队结构。

（1）氛围　氛围通常被认为是组织的属性，是个人的态度、情感和行为的凝聚，更准确地说，氛围就是个人对组织的政策、实践和程序的正式和非正式的认知。在创业的氛围中，思维能力、自由的时间、特殊的团队和可以获得的资源都是关键的因素。

（2）文化　组织文化是指组织成员所坚持的共享的信念和价值，它也是创新发生的环境。如果环境是有利于创新的，那么就能获得更高的创新绩效。文化和氛围有所不同，氛围通常是相对静态的、短暂的，而文化则更加稳定，文化比氛围更加抽象，氛围则是文化的表现形式。

（3）团队结构　在创新活动中，团队结构基本上都是跨功能的。跨功能的团队是包含各种不同能力和学科的项目团队。一方面，企业为了提高效率和新产品的存活率，必须促进跨功能的组合；另一方面，复杂的新产品开发需要构建跨功能的团队。跨功能的团队结构一般有以下几种：①功能团队结构；②轻型团队结构；③重型团队结构；④自主团队结构，具体采用什么样的结构，要依赖于组织的环境、规模和创新的类型。

对于中小企业来说，成功的渐进式创新需要创业的氛围、层级文化和轻型团队结构；成功的激进式创新需要创业的氛围、活泼文化和自主团队结构。

中小企业的组织结构与创新类型对应表，如表 8-2 所示。

表 8-2　中小企业的组织结构与创新类型对应表

组织结构		渐进式创新	激进式创新
战略	企业战略	分析者的企业战略 低水平的企业优势	勘探者的企业战略 高水平的企业优势
	企业优势		
流程	形式化	高水平的形式化 高水平的营销研发集成	低水平的形式化 低水平的营销研发集成
	营销研发集成		
组织	氛围	创业的氛围 层级文化 轻型团队结构	创业的氛围 活泼文化 自主团队结构
	文化		
	团队结构		

8.2.4 小企业的创新

1. 模式

有的人认为，对于小企业来说，应该采用渐进式创新而非激进式，主要理由是：

（1）绝大多数小企业都受到资金、技能和经验的限制。

（2）创新失败的成本，特别是一个新产品的失败，可能会使企业产生的成本过高或失去信心。

（3）激进式创新通常需要有一个较长的学习、交流、信息收集和知识创造的过程之后，才有可能发生，而很多新建立的小企业还没有经历这些过程。

那么小企业该如何选择创新模式呢？或者说哪一种创新模式是优先选择的呢？一般来讲，小企业的发展要经历以下五个阶段：

1、生存阶段：重点是创造客户和交付产品。

2、存活阶段：重点是处理收入和支出的关系。

3、成功阶段：重点是关注增长。

4、起飞阶段：重点是财务上的快速增长。

5、成熟阶段：在规模、人才、财务实力等方面都具有优势。

为了增强企业在行业中立足的机会，在第二阶段最好是采用渐进式创新；在第二阶段向第四阶段发展的过程中，渐进式创新应该是主要的部分；在成熟阶段，激进式创新则是企业整体战略的中心。

2. 企业所有者意图

小企业的创新主要是受到企业所有者意图的影响，因为很多小企业都是个人拥有。企业所有者意图是指在执行经营理念时，企业所有者所表现出来的个人意识和心态。通过一系列的方法，可以指导企业所有者意图，以更好地实现创新，具体方法如下：

（1）分析企业内部的战略资源（技能、技术等）和它所处的行业环境，目的是为了识别企业的优势、劣势和市场机会。

（2）发展企业的愿景、任务和主要目标，目的是为了明确企业的业务、市场利基和目标市场。

（3）创建企业战略以描绘出企业的创新路径，要考虑到企业的优劣势、相对于市场主要竞争对手的市场定位、中间目标（一两年后要实现的目标）、为了实现目标需要采取的行动、需要的资源等。

（4）在企业整体战略的基础上，开发小型的创新战略，如产品或服务、人力资源、营销、组织结构等的创新。如果资源允许的话，小型的创新战略可以阶段性的开发。

（5）区分小型战略实施的优先次序，通常是考虑小型战略对企业绩效预期的影响程度。

（6）对已经选择好的小型战略分配以合理比例的资源。

（7）定期地预估创新实践对企业绩效的影响。

3. 成本

小企业在创新的过程中，会发生一定的成本，那么小企业如何分配它的创新成本呢？也就是创新成本花费在哪些方面呢？这并没有一个统一的答案，与创新的类型、企业所处的行业、创新的来源等很多因素有关。Evangelista Rinaldo㊀等人对欧洲企业的产品创新和流程创新进行了研究，结果表明 50% 的创新费用花在了技术的吸收和扩散方面，20% 的创新费用花在了研发活动方面，10% 的创新费用花在了设计方面，11% 的创新费用花在了产品试制方面，还有 9% 花在了其他方面。

8.3 案例

快餐连锁店的产品创新流程

快餐连锁店（Quick - Service Restaurant chains，QSR）的产品创新可不是一件容易的事情，因为顾客的口味和食品的发展趋势一直都在变化当中。每一个产品都有它的生命周期，不可能永续持续下去，总有更好的产品出现并代替现有的产品，QSR 行业的产品更是如此，因此必须保持持续的创新，才能牢牢把握住顾客的胃。当前 QSR 面临着许多困难和挑战，如对于肥胖问题的诉讼，因为有不少顾客认为肥胖是由于 QSR 提供的食物引起的，还有逐渐增长的重视健康的顾客。

QSR 的特点是提供相对有限的菜单和服务以及低廉的价格，QSR 的食物很容易快速准备出来，但需要大规模标准化的烹饪和生产方式。在通常情况下，菜单上的食品由事先准备好的原料制作而成，然后由中心供应商统一配送到各个连锁店，在那里食物在很短的时间内重新加热和烹饪。食品创新的

㊀Evangelista Rinaldo et al. Measuring Innovation in European Industry, International Journal of the Economics of Business, 1999, Vol. 5 (3) 311 - 333.

重点就是要保证产品质量的一致性，并能快速传递到顾客手中，以减少人工和设备的成本。

QSR 产品创新的主要流程如下：

1. 类别策略

在此阶段，企业要分析优势、劣势、机遇和潜在的风险，明确哪一种策略对企业是最好的机遇、社会上正发生着什么、社会潮流是什么，最热门的新作料是什么、公众对食物和 QSR 的看法等。

2. 理念的产生

一般来讲，理念的来源主要有两个：一个是从员工那里得到建议；另一个是访问其他的餐馆，当然不仅仅限于 QSR，也可以从高端的餐馆中获得灵感。

同时，企业也要密切关注当前的食品发展趋势，包括阅读食品杂志、食谱和参加食品研讨会等，当然还包括与管理团队、经营者和特许经营者一起开展头脑风暴。客户的评论卡也是新产品构思的来源，因为很多顾客都在评论卡上写下自己对某种特殊产品的强烈需求，比如他可能会写下："我希望在菜单上看到……"诸如此类的话，这个时候 QSR 就应该认真考虑这条建议并深入研究。

3. 筛选

在此阶段，企业应主要考虑财务和经营两个方面，所有的 QSR 都采用这两个标准来开发新的食品。财务方面主要包括原料的成本、总成本、利润率和利润。经营方面包括是否有必需的设备、员工是否有这方面的技能、能否快速地生产出来等。

4. 概念测试

这一阶段 QSR 需要调查顾客需要什么以及什么样的潜在食品能满足他们的需求，向顾客展示样品的图片并得到相关的反馈，有的企业自己开展这种测试，有的企业外包给专门的市场公司来进行测试。在这个阶段，顾客不需要吃什么只是看看图片而已，然后顾客针对食品概念的喜好进行打分（也可以在网上），此外，QSR 也就价格定位询问一些问题。

5. 第二次筛选

这一次筛选也包括第一次筛选的内容，如财务、经营等方面，但这一次筛选的重点是顾客的嗜好和购买意向，要分析出顾客对食品概念有何反应，顾客是否有兴趣购买他们的产品。

6. 原形

在这个阶段，QSR 连锁店可能选用承包商来开发食品原形，开发多少食品原形不仅要看具体的食品概念，而且还要依赖于具体的品牌策略。大多数QSR连锁店开发2～4个品种，大企业则开发15～20个原形，但有时甚至会开发出60个原形。

7. 第三次筛选

在这一阶段，QSR再次对食品概念进行筛选，包括对财务和经营的再次深度分析，此外还要对供应商、食品及其他风险进行评估。

8. 概念深化

在这个阶段，QSR组织市场、运营、研发、供应链、包装等各个部门一起工作，对食品概念进一步深化，包括产品优化、操作流程、培训、营销四个方面。

（1）产品优化　产品优化包括食品烹饪的优化、包装、食品安全和价格。在大型的QSR，通常都雇佣包装工程师，因为包装对QSR来说非常重要，正确的包装不仅对食品质量、安全和温度有保障，而且还能节约成本。

（2）操作流程　操作流程的进化，首先是产品传递的一致性，包括产品的质量和传递的速度。大型的QSR通常在内部开展测试和修正的流程。另一个是食品安全问题，QSR必须保证他的员工依据食品安全标准进行烹饪和传递食品，同样也要确保制造供应商的食品安全标准。

（3）培训　大多数QSR都有自己的培训部门，专门开发培训流程和步骤，对员工进行培训，同时对培训效果进行评估。

（4）营销　首先要考虑食品概念在什么时候推出，是在夏天还是在冬天，这个时候QSR会作一些小型的调查。

9. 第四次筛选

在进行市场测试之前，QSR还要对食品概念进行测试，主要涉及竞争、财务以及适合的品牌等。

10. 市场测试

市场测试的基本思想是尝试用食品概念和营销计划来检验定价和顾客对新产品的购买意愿，其中一个方法就是向一组有限的顾客进行试卖。市场测试对于高风险和大众市场创新是非常有帮助的，同时也对运营流程和生产伙伴的加工环节进行检验。小型的QSR通常不是所有的新产品都做市场测试，因为花费高而且要动用很多资源，但是如果新产品比较复杂，或者使用了新设备，或者使用了较多的原料，那么也是要进行市场测试的。

11. 最终试生产筛选

在这个阶段，QSR还要进一步考虑财务和运营，同时对来自经理和员工的反馈进行分析。

12. 开始启动

在完成前面的流程之后，创新就正式在市场启动了。QSR 在所有的餐厅门店销售新的食品，跨国 QSR 先在本国范围内销售，如果成功的话，再扩大到国际范围。

13. 评估绩效

这是创新活动的最后一个流程，主要从三个方面来进行评估：①财务指标，包括销售额和利润率；②顾客满意度，从顾客的反馈中进行评估，如与顾客直接交谈、调查问卷或者顾客热线等；③运营反馈，主要从员工、运营经理和地区经理那里获得。

体会：民以食为天，哪个国家和民族都离不开食物这个最基本的需求。食品行业的竞争异常激烈，每个企业都希望顾客能“嘴下留情”，特别青睐自己的食品。QSR 有其独特的优势和竞争力，在食品餐饮行业始终占有一席之地，但即便如此，如果不进行创新，就会面临被淘汰的危险。从以上案例可以看出，QSR 产品创新流程是比较复杂的，前后有 13 个阶段，而在每一个阶段，又分为若干步骤，当然，这 13 个阶段不见得对所有的 QSR 都适合，可能会有一些变化，但不管怎样，这 13 个阶段对所有创新流程的设计都是有借鉴意义的。

总的来说，QSR 产品创新流程有以下几个特点：

第一，将新食品的安全放在非常重要的位置。事实上，很多新产品的安全性都是首要考虑的问题，但食品行业尤为重要，因为这直接关乎人们的身体健康。如果没有安全性，再好的新食品概念也只能是一种设想而已，特别是随着人们健康意识的提升，快餐服务行业更应顺势而为，提出符合现代健康理念的新食品或者对传统的食品进行改良。

第二，注重筛选阶段。13 个阶段中，有 4 个阶段是在进行筛选，可见筛选在 QSR 创新流程中的重要性。各个筛选阶段都有其重点目标，有些筛选阶段还包含着重复的内容，如对于财务和运营方面的考虑。持续的筛选也是与其他持续流程紧密联系在一起的，既是对上一流程的检查，也是下一流程的开始，所以说筛选阶段是整个持续流程的重要节点。

第三，以市场和顾客为核心。餐饮行业是离市场最近的行业之一，对市场的反应也是非常灵敏和直接。QSR 产品创新都是紧紧围绕市场的需求和顾客的反馈，创新流程中还包括市场测试阶段，要对市场进行仔细的研究和分析，如果本企业不具备这个能力，还要委托专门从事市场调研的公司开展市场测试活动。

第四，要考虑到供应商的能力。QSR一般都是采用中央配送的供应模式，因此供应商的生产标准和供应能力是实施创新的重要环节。如果供应商的能力有限，即使有了新的产品概念，但大规模进入市场也会受到掣肘，QSR供应商一般都是比较固定的，如果为了一种新产品而需要重新选择供应商的话，时间和成本都不允许，那就可能错过很多机遇，这就是为什么我们所看到的诸如麦当劳、肯德基、必胜客等连锁店无论怎么创新，都不会是颠覆性的，都是围绕着主流食品而展开的。

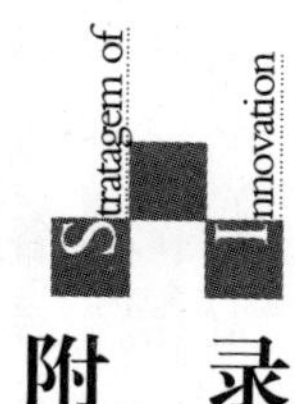

附　录

英国的科技创新管理

英国是一个老牌的、典型的资本主义国家，曾经被称为“日不落帝国”。英国真正的发展开始于17世纪，当时物理、电力、电子、化学等学科发展迅速。18世纪中叶，工业革命爆发，机器生产逐步取代手工劳动，机器发展很快而且规模越来越大，蒸汽、化学等工业的发展需要不断增长的科技进步做支撑。由于对外扩张的需要，英国大力发展工业特别是军事工业，这在客观上促进了英国的科技进步，枪炮、火药、轮船、发动机、车辆和飞机等技术一直保持领先优势。第二次世界大战期间，英国在雷达、原子能、通信和医药方面又取得了长足发展，这种优势一直保持到近代。第二次世界大战以后，英国开始关注科学系统的建设，将重点转向先进的技术工业，如电子、航天、通信和计算机等。

20世纪70年代之前，世界各国都加快了科技创新的步伐，发展势头迅猛，由于在固定资产和创新方面的投资不足，运用现代管理技术的不充分，加上英国税收政策的影响，英国出现了人才流失，科技创新能力受到了一定影响。为此，20世纪70年代之后，英国政府出台了一系列促进科技创新的政策措施，如对大学进行资助、开展大规模的科学基础建设、建立衡量和分析科技创新的组织、研发税收抵免、提供风险资本和创新券等，这些政策和措施大大促进了英国科技创新能力的提升，使英国科技创新能力又步入了先进国家行列。

1. 英国科技创新的管理体制和架构

（1）国家层面

1）英国议会下议院的科学与技术办公室。该办公室设在英国议会下议院的科技委员会下，于1989年成立，1992年成为英国议会机构，2001年议会将其列为永久机构。该办公室在政治上是独立的，主要职能是为英国议会提供科技创新方面的报告、组织研讨、安排和监督与公众的对话等。

2）内阁科技委员会和企业创新与技术部。内阁科技委员会属于咨询机构，每年召开会议解决有关问题，协调各部的科研活动。

企业创新与技术部是英国政府主管科技创新的重要部门，其职能是增进英国政府各部门对科技创新的理解、刺激公共政策的创新和传递、发挥创新部门的领导作用，主要由政府科学与创新办公室、科学与研究司、企业与创新司三个核心部门来负责科技创新，同时该部还管理英国知识产权局、技术战略委员会、设计委员会、国家科技艺术基金会和7个研究理事会。

（2）地方层面。英国在地方建立了九大地区发展机构、苏格兰创新委员会、威尔士创新管理局、北爱科技创新部，同时在相应的郡、县、市建立创新机构。

2. 20世纪70年代以来英国科技创新发展战略

（1）科技创新发展战略的目标及内涵

1）目标：促进企业创新，提高生产率；充分挖掘英国科学、工程和技术；发展能够促进公平和可持续发展的强大和有竞争力的市场。

2）内涵：注重基础研究和国际研究与开发；强调企业是技术创新的主体，大力扶持中小企业开展技术创新；加强营造创新环境，制定一系列有利于创新的制度、政策体系和法律法规；大力发展风险投资，解决企业技术创新的资金问题；大力推动形式多样的官产学研合作，促进科技成果的产业化；切实加强基础设施建设，完善中介服务体系、创新基础设施；大力发展科技和教育。

（2）科技创新发展战略的历程

1）20世纪70年代—80年代。20世纪70年代，英国的科学家、经济学家开展了技术创新的政策研究，提出了一系列促进技术创新的政策建议。科学家们的建议受到了政府的高度重视，并采取了一系列的改革措施。

1987年，英国政府在白皮书中明确指出："科技研究与开发对增强英国工业的国际竞争力极为重要，科学研究与开发要对英国经济的发展，为恢复英国工业在国际市场上的地位做出贡献"。同年9月成立了包括英国皇家学会主席、大学拨款委员会主席、皇家医学院研究生院院长等人在内的科学技术顾问委员会，由该顾问委员会通盘考虑英国科技发展的优先领域，统一协调英国研究与开发经费的使用，并直接受撒切尔首相领导。该委员会的建立，标志着英国工业界已开始介入英国政府对重大科技问题的决策，也表明英国政府决心依靠科学技术进步来提高其工业竞争力和推动经济的发展。

为了开展具体的研究工作，科技顾问委员会建立了科技开发领域研究中心。该中心是顾问委员会的思想库，主要进行世界范围的科技追踪、监测、分析和评价，提出世界科技发展的趋势和有最大工业潜力的重要领域，尤其是今后7~10年能形成新产品并具有新的工业和商业机会的领域，为政府的科技投资方向提供咨询。该中心的成立颇受工业界的欢迎和支持，罗罗公司、帝国化学公司、IBM公司、壳牌公司、英国石油公司等19个公司，每个公司出资25万英镑，英国政府投资100万英镑，供该中心使用。

2）20世纪80年代——90年代。1992年梅杰当政以来，推出了一系列科技发展白皮书、科技展望报告和技术预测计划。与此同时，政府成立了技术创新规划署（Innovation Project Agency，IPA），旨在将创新成果推广到各个领域，成为创新理念与商业之间的桥梁。英国政府每隔几年就推出新的“全英科技发展规划”，以指导和推动全英科技创新活动。政府在科研投入与科学创新方面，将重点放在一些具体实施要求方面，而不是仅仅提供资金。

在英国政府技术创新政策的指导下，企业的组织结构也在发生变化。一些从事传统技术产品的企业和从事新技术的企业结合了起来，其结合的形式主要是兼并，这种兼并的趋势持续了10余年。根据有关资料，1981年，英国企业之间兼并的费用总额为10亿英镑，1987年达150亿英镑。其中88亿英镑用于兼并美国企业。

从1994年起，英国政府首次公布创新白皮书《实现我们的潜能——科学、工程和技术战略》；1997年英国将“创意产业”列为重点发展行业，成为世界上第一个推动“创意产业”发展的国家。

3）21世纪以来。2000年7月，英国贸工部科技发展办公室发表了《英国科学与创新政策白皮书》，全面阐明了英国政府如何面对21世纪知识经济的挑战，提出了加强英国科学研究基础、拓展技术创新机会和促进科普的原则立场和政策措施，确定了英国21世纪初重点发展的科技领域，如新一代电子商务、基因组学、环境科学、信息储存、基础科技和实用科学等。

2001年发表的白皮书《变化世界中我们的机遇》集中关注企业、技术和创新和区域经济发展，提出将为企业发展采取一系列措施和增加在创新和包括电子商务等新技术领域的投入。

2002年发表的白皮书《为创新投资——科学、工程与技术的发展战略》陈述了英国的科技战略，对科学与创新价值的认识、国家创新体系建设的总体部署、加强研究与发展和创新活动、加强大学研究、提高全民科学素质和技能、促进知识转移、鼓励企业创新等方面作了详细阐述。

2002年之后，英国更是系统地发表了一系列行动计划和政策报告，如2002年7月的《投资于创新》，2003年11月的《在全球经济下竞争：创新挑战》，2004 年 7 月的《英国 10 年（2004 - 2014）科学与创新投资框架》(2008 年提出了续篇)，2004 年 11 月的《知识创造价值》的 5 年计划，2005 年 12 月的《考克斯评估（Cox Review)》研究报告，2007 年的《高端逐鹿——英国政府科学与创新政策评论》，2008 年 3 月的《创新国家》白皮书，这些政府文件向英国公众昭示了英国以创新为核心的新的国家科技发展战略。

3. 英国的科技创新政策

（1）科技创新政策的目的、目标和特点　为了落实英国的科技创新战略，英国政府制定了一系列的政策措施，其目的是使英国在世界上保持运行创新企业、公共服务和第三部门组织中的最好地位；其目标是符合宏观经济的发展要求、提高生产力和竞争力、纠正市场失灵、刺激公共部门的创新；其特点是持续投资、保持独立性和优势、支持知识的传递、给予财政支持。

（2）科技创新政策的两次重大变革

把政府变成科技咨询市场中的买方。20 世纪 80 年代初，英国政府贸工部以政令的形式要求所有的科技政策和项目申请报告必须包括理论依据、目标、评估、检查和评价等要素（Rationale，Objectives，Appraisal，Monitoring and Evaluation，ROAME Statement)。其中评估必须由独立的咨询机构来完成，同时要求科技政策和项目计划的决策与咨询过程必须向社会公开，并以公开招标的方式来完成各项咨询任务。此项制度的实施，明确地把政府变成了科技咨询市场上的买方，即出钱从独立咨询机构购买所需要的科技政策和项目计划的咨询服务，政府现在已成为科技中介咨询市场上的主要客户之一。

另一个有影响的改革措施，是撒切尔政府时期的私有化。由于大力推行私有化，使一批原来国家所有的科研院所被私有化或国有私营化，转制后的科研院所不仅使部分科技工作者流入了科技创新中介机构，而且相当一部分科研院所也被改制成了私人科技创新中介公司。

（3）英国科技创新政策的主要内容

1）加大对企业的支持力度。在英国，每一分钟产生一个新的企业，政府的主要职责之一就是帮助企业发展。有关资料显示，英国在产生和帮助企业增长方面，处于世界领先地位。比如，在产生企业的灵活性上，英国处于欧洲第一；在所有的 OECD 国家中，英国企业的发展障碍最低；在支持企业获得财政支持方面处于世界第三。从 2000 年开始，英国政府承诺建立一个 4 亿英镑的风险资本基金，该基金又吸引了来自私人部门投资的 5. 51 亿英镑。2006 年，政府建立了“一臂之遥”管理方式的为有限责任企业服务的资本，目前已经达到了 9. 51 亿英镑，投资了近 600 家企业。同时，地区发展署也承诺建立地区性的近5亿英镑的风险资本和贷款基金。

除此之外，英国还特别重视对中小企业的创新支持，比如建立了企业资本基金和企业金融担保计划。企业资本基金于2004年建立，为中小企业提供最高200万英镑的风险资本，以解决企业结构弱化的问题。目前有9个基金正在运行，规模达到2.37亿英镑，使用期限12年，主要支持领域为生物技术、通信、电子、环境、健康医疗、工业、制造业、媒体、软件；2009年1月14日实施了企业金融担保计划，目的是应对当时的经济气候，替小型公司借贷担保，在2009年10月就借贷符合要求的企业13亿英镑。

2）实施重大计划促进科技创新。为了提升英国科技创新能力，英国政府实施了一些重大计划，代表性的有“知识创造价值”的5年计划、《英国10年（2004-2014）科学与创新投资框架》计划等。

英国政府为推进创新工作的整体部署，于2004年11月，由英国负责经济工作的贸工部颁布了“知识创造价值”的5年计划，确定了政府的新工业政策。这一计划指出，英国正在进入知识经济时代，贸工部今后必须根据这一新形势，集中精力抓战略层面的大事，支持企业开展科技创新，帮助他们起步、发展和成功。为此将贸工部从2004年至2008年56.6亿英镑的预算，集中33.6亿英镑用于科技创新工作；通过修改规章和有关政策，为企业减负10亿英镑，为其创新提供更好的环境；将纳米技术、先进复合材料、生物材料和可再生能源技术确定为今后创新的突破口，给予重点扶持。

《英国10年（2004-2014）科学与创新投资框架》计划于2004年7月发表，2008年又进行了完善，重点投资六个方面：世界级的创新中心、可持续的财政投入、对经济和公共服务需求的反应能力、企业的研发投资和参与、高素质劳动力培养、公众对科学研究的参与和信任，提出了29个子目标和40项指标。

3）重视对科技创新人才的培养。英国始终把人才培养放在重要位置。比如，英国2008年3月出台的《创新国家》白皮书中就提出要“促进技术人才的培养”；《英国10年（2004-2014）科学与创新投资框架》计划中提出按人口平均的博士数量，在10年内维持国际排序且仍在八国集团国家的平均水平之上等。

①健全人才培养机构。比如，在每个主要经济部门至少建立一个国家技能研究院（National Skills Academy，NSA）、建立了改革部门技能委员会（Reformed Sector Skills Councils）、就业与技能委员会（UK Commission for Employment and Skills）等。

②实施人才培养和吸引计划。比如，设立高等教育创新基金，为高科技人才的培养、创业和大学科研成果向商品化转移提供支持；投资改善在校博士生的生活条件；通过设立高质量的研究项目、完善科研设施等措施吸引高素质的人才；实施“高技能移民计划”，大力吸引外国留学生和科研人员到英国学习和工作，放宽对他们的入境限制。

4）明确科技创新的产业领域。英国政府连续发布了一系列旨在加强创新能力的白皮书，全面阐述了英国在21世纪的科学和创新战略，优先发展五个新兴产业：生命科学（Life sciences）、数字媒体和技术（Digital media and technology）、工程建筑（Engineering construction）、先进制造业（Advanced manufacturing）、低碳经济（Low carbon energy）。

4. 英国的科技创新中介机构

（1）科技创新中介机构来源

1）起动公司。它是一种微型或小型公司，通常是由一些离开原有公司、大学、研究机构的科技管理者和科技人员创办。

2）衍生公司。它是英国科技中介机构的主要来源，主要由其他大的科技公司或科技集团根据自身的业务和市场需求衍生出来的。

3）合资公司。它一般是由两个以上的科技中介公司合并而成。

4）公共服务机构市场化。它是指部分国有研究院、所经改制重组而形成的新的独立的科技中介公司。

（2）科技创新中介机构的架构

1）政府层面。它主要是在全国各地建立了240个地区性的“企业联系办公室”（Business Link），目的是促进当地企业与大学、研究机构以及金融机构等的联系，实现科技成果的转化与推广。

2）公共层面。英国的公共科技中介机构是最核心的科技咨询群体。例如，英国皇家学会、皇家工程院、研究理事会和大学科技政策研究机构等都具有科技咨询的职能，在科技政策和重大工程项目咨询中起着最主要的作用。

3）私人中介公司，它是以营利为目的、独立的科技中介机构，是英国科技中介机构的主体。

（3）科技中介机构的主要类型

1）科技园区型的中介机构。许多英国的大学都有自己的科技园或成果转化中心，每个科技园或中心一般都包括几十个小型科技公司。这些科技园或中心除了为科技公司提供场所和服务设施外，主要任务就是为园区内公司提供各个发展阶段所需的咨询服务，通常包括法律、经济、商务和市场信息等咨询业务。

2）专业协会型中介机构。英国科技创新型公司一般是按行业或学科来分类，各个行业或学科都形成了一批自己的科技创新中介机构。比如，建筑工程行业的英国咨询工程师协会（Association of Consulting Engineers，ACE）是英国工程、技术与管理咨询的主要咨询协会之一。

3）联合伙伴型中介机构。它是指通过不同的热点并具有潜力的主题把相关部门和公司等组织起来定期交流和讨论，寻找和开发新的科技商业机会，使各组织间达成共识，并探讨实现的可能性。

4）盈利性科技中介结构。一般是指私人科技中介公司，是科技中介机构的主体，盈利是其生存的首要条件。

5. 英国的科学园

（1）基本情况　20 世纪 60 年代，英国政府开始向美国学习并且提议创建科学园以促进传统工业和经济发展。同时，英国的高等教育此时也得到大规模扩张，并且趋向于将学术研究推广到工业和社会中以便在促进经济发展中发挥更大作用。1970 年，剑桥大学三一学院建立了首个英国科学园，但在那之后直到20 世纪 70 年代末，科学园几乎停止了发展。从 20 世纪 80 年代开始，科学园的发展又开始起步，到 2004 年，全英已有 65 个科学园（UKSPA）。

（2）发展阶段

1）1970—1982 年，科学园完全是由大学建立和拥有的，其间共建立了 5 个科学园。

2）1982—1991 年，科学园是在地方政府支持下或直接参与下创建起来的，其最重要的特征是地方当局通过划拨土地或提供资金或设立管理机构等方法在创建科学园中发挥重要作用。因此，在这一发展时期，建立科学园的进程比以往快得多。共建立了 20 个科学园，其中 15 个科学园是在政府的支持和直接参与下建立的，另有 4 个科学园完全由大学建立，1 个科学园由私营企业创建。

3）1991—2001 年，私营机构对创建科学园产生兴趣，开始出现由私营企业和大学或政府联合创建的科学园，期间共建立了 27 家科学园，其中 19 个是由有私营企业参与创办，或完全由私营企业创建的。

4）2002 年至今，其中大多数科学园是由私营企业独资创办，或与大学和（或）政府联合创办。

6. 对我国科技创新管理的启示

（1）要建立健全科技创新与管理的体系　科技创新是永恒的主题，也是建设创新型国家的原动力。英国科技创新管理的体系非常健全，从国家层面到地方层面，从政府机关到“一臂之遥”的组织（类似于我国的事业单位），从科学园到各种科技中介机构，都有明确的科技创新目标和责任，形成了上下连贯、纵横统一、全面覆盖、扶持到位的科技创新管理体系，也正是有了这种健全的体系，支撑了英国科技创新始终处于世界领先的地位。

（2）要进一步加强对中小企业的融资支持　中小企业具有灵活的运行机制，其创新速度快、创新成本小。英国的中小企业目前已经达到480万个。我们要借鉴英国对中小企业科技创新支持力度大、支持体系健全的做法，支持中小企业开展创新，促进更多的企业开展科技创新，形成创新成果竞相迸发的良好局面。具体措施如下：

1）要弥补银行对中小企业贷款的不足。银行对中小企业贷款往往有比较严格的条件，中小企业一般处于起步阶段或发展初期，借贷银行资金比较困难，因此政府应该弥补市场失灵，建立帮助中小企业融资的渠道。

2）要有重点的进行支持。中小企业数量众多，行业繁杂，而政府的资金是有限的，不可能面面俱到，因此应选择重点发展的产业予以支持，如电子信息、生物医药、装备制造、汽车制造、航空航天、文化创意、都市工业、新能源新材料、金融财务、国际商务等，使政府资金的使用更有针对性，发挥政府资金的引导作用。

（3）要进一步加大科技创新投入　英国对科技创新的投入毫不吝啬，政府投资逐年增加，而且广泛动员社会组织和个人投资科技创新，从1997年到2006年，英国政府对研发经费的投入以每年4.5%的比率增长，对科学技术的投资以每年10.4%的速度增长，从而支撑了科技创新的顺利推进和深入开展。建设新区需要科技创新来驱动，加大对科技创新投入力度则是国家可持续发展的重要保障。具体措施如下：

1）将科技创新经费纳入年度预算，建立科技创新经费随GDP增长而增长的机制。

2）建立政府引导、社会组织和个人广泛参与的科技创新投入机制。英国的经验表明，科技创新投入，不仅是政府的事情，更需要社会组织和个人的广泛参与，只要制定合适的政策，社会组织和个人的资金就会源源不断地进入科技创新领域。

3）对重点发展领域重点投入。英国虽然制定了一系列的科技创新投资政策，但其投资重点非常明确，生命科学、数字媒体和技术、工程建筑、先进制造业、低碳经济是其投资的重点，通过对重点领域重点投资，带动经济社会的整体发展。

（4）要加强科技创新人才队伍的引进和培养　很难想象，没有一支具有较强科技创新能力的人才队伍，英国的科技创新能力能够处于世界前列。科技创新人才队伍建设可以借鉴英国的模式，重点在引进和培养上下功夫：

1）通过高质量的研究项目吸引人才。英国能够成为科技创新强国，其中重要的一点就是通过设立高质量的研究项目来吸引全世界的科技创新人才，如“阿尔维计划”、“尤里卡计划”等，通过这些计划的实施吸引了大量高素质人才，促进了英国科技创新能力的提升。

2）培养和引进领军人才。牛津大学出了29名首相，剑桥大学出了61个诺贝尔奖获得者，英国65个科学园都是依靠知名的领军人才来运行。依靠领军人才，可以加快科技创新速度，引领产业发展方向，占据世界领先地位。因此我们要加大培养和引进领军人才力度，发挥领军人才的影响力和吸引力，通过领军人才引领经济社会发展。

3）建立高端科技创新公共实验平台。由政府出资或政府与企业合作，建立高端科技创新公共实验平台，为科技创新人才提供良好的科研环境，使人才能够开展高质量高水平的科技创新实践。

（5）要大力发展科技中介服务机构　科技中介机构是科技创新“催化剂”，能促进科技知识的快速产生和转移，同时又是一种“黏合剂”，能把知识创造的源头与客户公司紧密联系起来，使他们相互作用、相互衔接，使科技资源配置最优化，科技知识价值最大化。英国的科技中介服务机构非常发达，门类齐全，针对性强。科技创新的成果要最终实现产业化，通过中介服务机的构催化和黏合作用，是一个非常有效的渠道。具体措施如下：

1）成立专门的企业科技创新联系机构。借鉴英国在全国各地建立地区性的“企业联系办公室”的做法，在政府层面设立专门与企业联系的机构，发挥政府的桥梁和纽带作用，整合各方资源，促进企业与企业、大学和金融机构之间的联系，推动科技创新成果的产业化。

2）发挥社会组织科技创新的咨询作用。科技创新咨询是推动科技成果产业化的重要环节，英国在发挥政府作用的同时，充分调动社会资源共同促进科技创新，效果非常明显。要与大学、科研机构、学会、协会、理事会建立密切联系，发挥这些组织的优势智力资源，在把握科技创新方向、指导开展科技创新活动、重大工程咨询等方面发挥作用，以加快科技创新速度，及早实现科技创新成果产业化。

3）大力发展科技园（创业园）。从本质上说，科技园（创业园）是中介服务机构的一种形式。要借鉴英国科学园的管理模式，鼓励民营企业投资建设科技园，通过为科技创新企业提供各种完善的服务，使处于成长期的企业能够集中开展科技创新活动，减少科技创新成本，帮助企业逐步成长壮大。政府的职能重在制定支持科技园发展的政策，营造良好的外部环境。

（6）要高度重视知识产权保护　科技创新的成果最终以知识产权的形成表现。人才的竞争归根到底是知识产权的竞争，谁拥有的知识产权多，谁拥有的优质知识产权多，谁就掌握发展的主动权、控制权。保护好知识产权，可以营造公平、有序的科技创新环境，进一步激发人才的科技创新热情。具体措施如下：

1）要加大知识产权申报的指导力度。我们要借鉴英国知识产权申报好的经验和做法，完善知识产权的申报流程，指导企业积极主动地开展知识产权申报，通过知识产权的形式固化每一个科技创新成果。

2）加大知识产权依法保护力度。我们应建立以知识产权、工商、质检、公安等部门共同执法的联动机制，打击侵犯知识产权的违法行为，重点保护核心知识产权。

3）加大对企业开展知识产权工作的资金投入。对于企业在国内外获得授权的知识产权给予一定的经费资助。

参考文献

[1] Abbasali Hajikarimi, Mohammad Reza Hamidizadeh, Nasrin Jazani. A Comprehensive Systemic Model of Innovation Management: Total Innovation Management (TIM) [J]. Interdisciplinary Journal of Contemporary Research in Business. January 2013, Vol. 4 (9): 1078—1088.

[2] Adams R, Bessant J & Phelps, R. Innovation management measurement: A review [J]. International Journal of Management Reviews, 2006, Vol. 1 (8): 21 -47.

[3] Ahmed, Parviz K. Culture and Climate for Innovation [J]. Innovation Management, 1998, Vol. 1 (1): 30 -43.

[4] Alan Brache. Innovation Check - up [J]. Leadership Excellence, Jun 2008, Vol. 25 (6): 8.

[5] Alden M Hayashi. The Inside and Outside View of Innovation [J]. MIT SLOAN MANAGEMENT REVIEW, Spring 2013, Vol. 54 (3): 39 -42.

[6] Andrew Hvan De Ven. Central Problems in the Management Innovation [J]. Management Science (1986 -1998), May 1986, Vol. 32 (5): 590 -608.

[7] Andrew P McCoy, Walid Thabet, Ralph Badinelli. Towards establishing a domain specific commercialization model for innovation in residential Construction [J]. Construction Innovation, 2008, Vol. 8 (2): 137 -155.

[8] Annemien Pullen, Michael Song, et. Successful Patterns of Internal SME Characteristics Leading to High Overall Innovation Performance [J]. CREATIVITY AND INNOVATION MANAGEMENT, 2009, Vol. 18 (3): 209 -223.

[9] Anne Linke, Ansgar Zerfass. Internal communication and innovation culture: developing a change framework [J]. Journal of Communciation Management, 2011, Vol. 15 (4): 332 -348.

[10] Antonio Hidalgo. Jose Albors. Innovation management techniques and tools: a review from theory and practice [J]. R&D Management, 2008, Vol. 38 (2): 113 -127.

[11] Ari Jantunen, Kaisu Puumalainen, Pia Hurmelinna – Laukkanen [J]. Journal of Information & Knowledge Management, 2008, Vol. 7 (3) 187 – 195.

[12] Baldwin JR, Johnson J. Business strategies in more – and less – innovative firms in Canada [J]. Research Policy, 1996, Vol. 25 (5): 785 – 804.

[13] Bao Kunjin. The Cognitation on Innovation Talent Common Indicator System Balkrishna C. Rao. How to Measure Innovation. Challenge, January – February 2010, Vol. 53 (1): 109 – 125.

[14] Barr Vilma. The Process of Innovation: Eureka Is Not Enough [J]. Mechanical Engineering, Dec 1988, Vol. 110 (12): 40 – 44.

[15] Barry Jaruzelski, Jon Katzenbach. Building a Culture That Energizes Innovation [J]. Financial Executive. March 2012: 32 – 35.

[16] Based on Connotation Analysis [J]. Studies in Sociology of Science, 2012, Vol. 3 (2): 34 – 38.

[17] Becheikh N, Landry R, Amara N." Lessons from Innovation Empirical Studies in the Manufacturing Sector: A Systematic Review of the Literature from 1993 – 2003" [J]. Technovation, 2006, Vol. 26: 644 – 664.

[18] Benjamin Jian Chung Yuan, Chun Yi Liu, Kun Ming Kao, et. Entrepreneurship and innovation process in the health industry in Taiwan [J]. European Business Review, 2009, Vol. 21 (5): 453 – 471.

[19] Boyd Drew. A Structured, Facilitated Team Approach to Innovation [J]. Organization Development Journal, Fall 2007, Vol. 25 (3): 119 – 122.

[20] Bruce A Vojak , Raymond L Price , Abbie Griffin. Serial Innovators: How Individuals Create and Deliver Breakthrough Innovations in Mature Firms [J]. Research – Technology Management, November—December 2012, 42 – 49.

[21] Bruce Berman. HP Invents New Ways to Manage Its Innovation [J]. Corporate Legal Times, July 2000: 18 – 18.

[22] Camelia Moraru, Alexandru Rusel. Business Incubators – Favorable Environment for Small and Medium Enterprises Development [J]. Theoretical and Applied Economics, 2012, Vol. 5 (570): 169 – 176.

[23] Campbell Candace. Change Agents In The New Economy: Business Incubators And Economic Development [J]. Economic Develoment Review, Spring 1989 Vol. 7 (2): 56 – 59.

[24] Carla Susana Marques, Jose Monteiro – Barata. Determinants of the Lnnovation

Process [J]. Management Research, Spring 2006, Vol. 4 (2): 113 -126.

[25] Cavalli Nicola. The Symbolic Dimension of Innovation Processes [J]. The American Behavioral Scientist, Mar 2007, Vol. 50 (7): 958 -969.

[26] C Brooke Dobni. Measuring innovation culture in organizations: The development of a generalized innovation culture construct using exploratory factor analysis [J]. European Journal of Innovation Management, 2008, Vol. 11 (4): 539 -559.

[27] Changiz Valmohannadl. Investigating innovation management practices in Iranian organizations [J]. INNOVATION: MANAGEMENT, POLICY & PRACTICE, June 2012, Vol. 14 (2): 25 -31.

[28] Christopher M McDermott, Daniel I Prajogo. Service innovation and performance in SMEs [J]. International Journal of Operations&Production Management, 2012, Vol. 32 (2): 216 -237.

[29] Colquitt A C, Lepine J A, Wesson, Organizational Behavior: Improving Performance and Commitment in the Workplace [M]. New York: McGraw - Hill, 2009.

[30] Damanpour F. Organizational innovation: a meta - analysis of effects of determinants and moderators [J]. Academy of Management Journal, 1991, Vol. 34 (3): 550 -590.

[31] Daniel Chu, Tales Andreassi. Management of technological innovation case studies in biotechnology companies in Brazil [J]. Management Research, 2011, Vol. 9 (1): 7 -31.

[32] Daniel I Prajogo. The Relationship between Innovation and Business Performance—A Comparative Study between Manufacturing and Service Firms [J]. Knowledge and Process Management, 2006, Vol. 13 (3): 218 -225.

[33] Daniel I Prajogo, Pervaiz K Ahmed. Relationships between innovation stimulus, innovation capacity, and innovation performance [J]. R&D Management, 2006, Vol. 36 (5): 499 -506.

[34] Davood Askarany, Malcolm Smith. Diffusion of innovation and business size: a longitudinal study of PACIA [J]. Management Auditing Journal, 2008, Vol. 23 (9): 900 -916.

[35] Deshpande R, Farley JU, Webster Jr FE. Corporate culture, customer orientation, and innovativeness in Japanese firms: a quadrad analysis [J]. Jour-

nal of Marketing, 1993, Vol. 57 (1): 23 -27.

[36] Dimitris Skalkos. A Novel Innovation Management Process: For Applications in Fields such as Food Innovation [J]. International Journal of Innovation Science, 2012, Vol. 4 (4): 245 -258.

[37] Dioni M Elche, Angela Gonza. Influence of innovation on performance: analysis of Spanish service firms [J]. The Service Industries Journal, December 2008, Vol. 28 (10): 1483 -1499.

[38] Dobni C Brooke. Measuring Innovation Culture in Organizations [J]. European Journal of Innovation Management, 2008, Vol. 11 (4): 539 -559.

[39] D P Soetanto. A Meta Analysis on the Determinant Factors of Incubator's Performance [J]. International Journal of Innovation and Technology Management, 2005, Vol. 2 (2): 119 -134.

[40] Dr S V Kulkarni. Nnovation Management - Challenges and Opportunities in the next decade [J]. Asia Pacific Journal of Management & Entrepreneurship Research, Vol. 2 (1): 225 ~235.

[41] Dusan Sabadka. Innovation Potential Metrics [J]. Annals of Faculty Engineering Hunedoara - International Journal of Engineering, 2012: 449 -455.

[42] Dwyer L, Mellor R. Product innovation strategies and performance of Australian firms [J]. Australian Journal of Management, 1993, Vol. 18 (2): 159 -180.

[43] Edgardo S. Bolinao. Innovation Process and Performance in Small - to Medium - Sized Firms: A Conceptual Framework [J]. DLSU Business & Economics Review, 2009, Vol. 19 (1): 71 -80.

[44] Eldridge J E T, Crombie A. A Sociology of Organizations [M]. London: Allen & Unwin, 1974.

[45] E Paul Torrance. Nurture of Creative Talents [J]. Theory into Practice, Oct 1966, Vol. 5 (4): 168 -173.

[46] Eric Mankin. Measuring Innovation Porformance [J]. Research · Technology Management, Nov - Dec 2007: 5 -7.

[47] Eugenio Pellicer, Christian Luis Correa, Víctor Yepes, Luis Fernando Alarcón. Organizational Improvement Through Standardization of the Innovation Process in Construction Firms [J]. Engineering Management Journal, June 1, 2012, Vol. 24 (2): 40 -53.

[48] Evangelista Rinaldo et al. Measuring Innovation in European Industry [J]. International Journal of the Economics of Business, 1999, Vol. 5 (3) 311 -333.

[49] Falih M Alsaaty. A Model for Building Innovation Capabilities in Small Entrepreneurial Firms. Academy of Entrepreneurship Journal, 2011, Vol. 17 (1): 1 -21.

[50] Feurer Rainer Chaharbaghi Kazem, Wargin John. Developing creative teams for operational excellence [J]. International Journal of Operations & Production Management, 1996, Vol. 16 (1): 5 - 18.

[51] Floortje Blindenbach - Driessen, Jan van Dalen, Jan van den Ende. Subjective Performance Assessment of Innovation Projects [J]. J PROD INNOV MANAG, 2010, Vol. 27: 572 -592.

[52] Foster William K, Pryor Austin K. The Strategic Management of Innovation [J]. The Journal of Business Strategy, Summer 1986, Vol. 7 (1): 38 -42.

[53] Franc Brcar, Silvo Lah. Innovation Management and an Innovative Ideas System [J]. Organizacija, January - February 2011, Vol. 44 (1): 3 - 10.

[54] Frohman Alan L. Building a culture for innovation [J]. Research Technology Management, Mar/Apr 1998, Vol. 41 (2): 9 - 12.

[55] GIULIO CAINELLI, RINALDO EVANGELISTA, MARIA SAVONA. The Impact of Innovation on Economic Performance in Services [J]. The Service Industries Journal, January 2004, Vol. 24 (1): 116 - 130.

[56] Glen Wilson. PATENT ENSE - THE PROTECTION OF INNOVATION [J]. Engineers Journal, June 2007, Vol. 61 (5): 295 -297.

[57] Golestan Hashemi, Sayed Mahdi. An Organizational Creatology Approach: Total Innovation Management [J]. Journal of Creatology and Inventive Problem Solving, October 2002, Vol. 5.

[58] Gomez Kevin. GE survey finds innovation is main driver of prosperity [J]. PACE, Jan 2013.

[59] Hackett S M, Dilts. A Systematic Review of Business Incubation Research [J]. Journal of Technology Transfer, 2004, Vol. 29: 55 -82.

[60] Hamel G. Bringing silicon valley inside [J]. Harvard Business Review, 1999, Vol. 77 (5): 70 -84.

[61] Hanadi Mubarak Al - Mubaraki, Michael Busler. Business Incubators Models of the USA and UK: A Suot Analysis [J]: World Journal of Enterprenuership,

Management and Sustainable Development, 2010, Vol. 6 (4): 335 -354.

[62] Hanadi AL - Mubaraki, Holger Schrodl. Measuring the Effectiveness of Business Incubators: A Four Dimensions Approach From A Gulf Cooperation Council Perspective [J]. Journal of Enterprising Culture, Dec 2011, Vol. 19 (4): 435 -452.

[63] Hargie Colin, Tourish Dennis. Corporate Communication in the Management of Innovation and Change [J]. Corporate Communications, 1996, Vol. 1 (2): 3 -11.

[64] Hellstrom Tomas, Jacob Merle, Malmquist Ulf. Guiding Innovation Socially and cognitively: The Innovation Team model at Skanova Networks [J]. European Journal of Innovation Management, 2002, Vol. 5 (3): 172 -180.

[65] Herkema S. A Complex Adaptive Perspective on Learning within Innovation projects [J]. The Learning Organization, 2003, Vol. 10 (6): 340 -346.

[66] Higgins I M. Innovate or Evaporate: Creative Techniques for Strategists [J]. Long Range Planning, 1996, Vol. 29 (3): 370 -380.

[67] Jones, Glenda Shasho. Hints on hiring creative talent [J]. Catalog Age, May 1993, Vol. 10 (5): 93 -98.

[68] Holmes Jerry D, Nelson Gregory O, Stump David C. Improving the Innovation process at Eastman Chemical [J]. Research Technology Management, May/Jun 1993, Vol. 36 (3): 27 -35.

[69] Hüseyin Özgen, Ferit Ölçer. An Evaluative Study of Lnnovation Management Practices in Turkish Firms [J]. International Journal of Business Research, 2007, Vol. VII (2): 53 -63.

[70] Iain M Cockburn, Megan J MacGarvie, Elisabeth Muller. Patent Thickets, Licensing and Innovative Performance [J]. Industrial and Corporate Change, 2010, Vol. 19 (3): 899 -925.

[71] Jan Kratzer, Roger Th A J Leenders, Jo M L van Engelen. Stimulating the Potential: Creative Performance and Communication in Innovation Teams [J]. Creativity and Innovation Management, March 2004, Vol. 13 (1): 63 -71.

[72] Jan Kratzer, Roger Th A J Leenders, Jo M L van Engelen. Team Polarity and Creative Performance in Innovation Teams [J]. Creativity and Innovation Management, 2006, Vol. 15 (1): 96 -104.

[73] Jason MacVaugh, Francesco Schiavone. Limits to the Diffusion of Innovation: Aliterature Review and Integrative Model [J]. European Journal of InnovationManagement, 2012, Vol. 13 (2): 197 - 221.

[74] Jay Rao, Joseph Weintraub. How Innovative Is Your Company's Culture? [J]. MITsloan Management Review, Spring 2013, Vol. 54 (3): 29 - 37.

[75] John Pastorelli. Energising Your Creative Talents [J]. Journal of the Association for Heritage Interpretation, Autumn 2007, Vol. 12 (3): 9 - 11.

[76] José Santos, Yves Doz, Peter Williamson. Is Your InnovationProcess Global? [J]. MITSloan Management Review, Summer 2004 , Vol. 45 (4): 31 - 37.

[77] José G. Vargas - Hernández. Modeling Riskand Innovation Management [J]. ACR, 2011, Vol. 19 (3&4): 45 - 57.

[78] J Roland Ortt, Patrick A. The Evolution of Innovation Management Towards Contextual Innovation [J]. European Journal of Innovation Management, 2008, Vol. 11 (4): 522 - 538.

[79] Juan A. Marin - Garcial, Lourdes Aznar - Mas, Fernando González Ladrón de Guevara. Innovation Types and Talent Management for Innovation [J]. Working Papers on Operations Management, 1989, Vol. 2 (2): 25 - 31.

[80] Juan Ignacio Igartua, Jose Albors Garrigós, Jose Luis Hervas - Oliver. How Innovation Management Techniqoes Support an Oper Innovation Strategy [J]. Research · Technology Managemen, May—June 2010: 41 - 52.

[81] Keizer J A, Halman J I M, Song M. From experience: Applying the Risk Diagnosing Methodology [J]. Journal of Product Innovation Management, 2001, Vol. 19: 213 - 232.

[82] Kershaw Simon. Creative Masterclass on Managing Creative Teams [J]. Direct Response, Mar 2004: 16 - 16.

[83] Kezsbom, Deborah S. Beyond " survival": Strategies for Creating Innovative Teams [J]. AACE International Transactions, 2001: 41 - 44.

[84] Kratzer Jan, Roger Th A J Leenders, Jo M L van Engelen. Stimulating the Potential: Creative Performance and Communication in Innovation Teams [J]. Creativity and Innovation Management, Mar 2004, Vol. 13 (1): 63 - 71.

[85] Kratzer Jan, Roger Th A J Leenders, Jo M L van Engelen . Team Polarity and Creative Performance in Innovation Teams [J]. Creativity and Innovation

Management, Mar 2006, Vol. 15 (1): 96 – 104.

[86] Larisa V. Shavinina. The Impact of the Apollo Project on Creative and Innovation Management at Sony: The Implications for Project Management. Journal Of Global Business Administration, March 2012, Vol. 4 (1): 85 – 93.

[87] Larry Dwyer, Robert Mellor. Product Innovation Strategies and Performance of Australian Firms [J]. Australian Journal of Management, December 1993, Vol. 18 (2): 159 – 180.

[88] Laszlo Gyorffy. Opinion: Direction and Discipline: How Leaders Tap the Creative Talent of their Enterprise [J]. International journal of Innovation Science, 2010, Vol. 2 (2): 91 – 93.

[89] Leavy Brian, Sterling John. Think disruptive! How to manage in a new era of innovation [J]. Strategy & Leadership, 2010, Vol. 38 (4): 5 – 10.

[90] Levesque Lynne C. Creative Talent [J]. Executive Excellence, Sep 2001, Vol. 18 (9): 15 – 15.

[91] Levesque Justin, Walker H Fred. The Innovation Process and Quality Tools [J]. Quality Process, July 2007, Vol. 40 (7): 18 – 22.

[92] Ling Tan Cheng, Nasurdin Aizzat Mohd. Human Resource Management Practices And Organizational Innovation: An Empirical Study In Malaysia [J]. Journal of Applied Business Research, Jul/Aug 2010, Vol. 26 (4): 105 – 115.

[93] Lucia Crevani, Kristina Palm, Annika Schilling. Innovation management in service firms: a research agenda [J]. Serv Bus, 2011, Vol. 5: 177 – 193.

[94] Juan A. Marin – Garcia, Lourdes Aznar – Mas, Fernando Gonzúlez Ladrón de Guevara. Innovation Types and Talent Management for Innovation [J]. Working Papers on Operations Management, 1989, Vol. 2 (2): 25 – 31.

[95] Linton Jonathan. An introduction to innovation process [J]. Circuits Assembly, Jan 1998, Vol. 9 (1): 28 – 30.

[96] Maria Elizabeth Eggink. Innovation System Performance: How to Address the Measurement of a System' s Performance [J]. Journal of Innovation & Business Best Practices, 2012, Vol. 2012: 1 – 8.

[97] Marisa Smith, Marco Busi, Peter Ball, Robert Van Der Meer. Factors Influencing an Organisation's Ability to Mange Innovition: Astructured Literature Review and Conceptual Model [J]. International Journal of Innovation

Management, Dec 2008, Vol. 12 (4): 655 -676.

[98] Markus Reitzig. Is Your Company Choosing the BestInnovation Ideas? [J]. MIT Slogan Managemeht, Summer 2011: 47 -52.

[99] Martin Hemmert. Innovation Management of Japanese and Korean Firms: A Comparative Analysis [J]. Asia Pacific Business Review, July 2008, Vol. 14 (3): 293 -314.

[100] Mary Mathew, Chiranjit Mukhopadhyay, Dilip Raju, etc. An analysis of patent pricing [J]. Decision, April, 2012, Vol. 39 (1): 28 -39.

[101] Mohammad Mohammadisadr, Seyed Ali Siadat, et al. A Culture Model as Mediator and Repository Source for Innovation [J]. Higher Education Studies, June 2012, Vol. 2 (2): 146 -154.

[102] Mohammad Sadegh Sharifirad. Vahid Ataei. Organizational Culture and Innovation Culture: Exploring the Relationships between Constructs [J]. Leadership&Organization Development Journal, 2012, Vol. 33 (5): 494 ~517.

[103] Martha E. Mangelsdorf . What It Takes to Be a Serial Innovator [J]. MIT Slogan Management Review, Summer 2012, Vol. 53 (4): 96 -98.

[104] Massey Liz. 5 Traits of Successful Creative Teams [J]. Office Solution, Oct 2008, Vol. 25 (4): 38 -40.

[105] Matthias Inauen, Andrea Schenker - Wicki. Fostering Radical Innovations with Open Innovation [J]. European Journal of Innovation Management, 2012, Vol. 5 (2): 212 -231.

[106] McGinnis, Michael A, Ackelsberg M Robert. Effective Innovation Management: Missing Link in Strategic Planning? [J] Journal of Business Strategy (pre -1986), Summer 1983, Vol. 4 (1): 59 -66.

[107] M H Bala Subrahmanya. Technological Innovations and Firm Performance of Manufacturing SMEs: Determinants and Outcomes [J]. ASCI Journal of Management, 2011, Vol. 41 (1): 109 -122.

[108] Miles R E, Snow. Organizational Strategy, Structure, and Process [M]. New York: McGraw -Hill, 1978.

[109] Miller R, Prichard F. Factors Associated with Workers Inclination to Participate in an Employee Involvement Program [J]. Group and Organization Management, 1992, Vol. 17 (4): 414 -430.

[110] Muammer Zerenler, Selcuk Burak Hasiloglu, Mete Sezgin. Intellectual Capital and Innovation Performance: Empirical Evidence in the Turkish Automotive Supplier [J]. J. Technol. Manag Innov, 2008, Vol. 3 (4): 31-40.

[111] Mudrak Tomas, Andreas van Wagenberg, Wubben Emiel. Assessing the Innovative Ability to FM Teams [J]: A Review Facilities, 2004, Vol. 22 (11/12): 290-295.

[112] Nancy Bowman-Upton, Samuel L Seaman, Donald L Sexton. Innovation Evaluation Programs: GO They Help the Inventors? [J]. Journal of Small Business Management, July 1989: 23-30.

[113] Nick van Dam. Innovation Talent Management Strategies [J]. Chief Learning Officer, June 2005: 13-13.

[114] Norausky Patrick H. A competitive Advantage: Customer and Supplier Innovation Teams [J]. ASQ's 52nd Annual Quality Congress Proceedings, 1998: 436-446.

[115] Oke A. Innovation Types and Innovation Management Practices in Service Companies [J]. International Journal of Operations and Production Management, 2007, Vol. 27 (6): 564-587.

[116] Oliver Brooks, Jr. Economic Development Through Entrepreneurship Incubators and the Incubation Process [J]. Economic Development Review, Summer 1986: 24-29.

[117] O' Reilly C, Chatman J, Caldwell D. People and Organization Culture: A Profile Comparison Approach [J]. Academy of Management Journal, 1991, Vol. 34 (3): 487-516.

[118] O'Sullivan David. Online Project Based Learning in Innovation Management [J]. Education & Training, 2003, 45, 2/3.

[119] Ottenbacher Michael C, Harrington Robert J. The Product Innovation Process of Quick-service Restaurant Chains. International Journal of Contemporary Hospitality Management, 2009, Vol. 21 (5): 523-541.

[120] Parham Linda. Engineering a Creative Team [J]. Birmingham Business Journal, Dec 10, 2004, Vol. 21 (50): 9-9.

[121] Patrick J. Trotter, Jason Vaughan. Innovation in UK companies. An Evaluation of the Implementation of Best Practice in Front End Innovation Proces-

ses and Methodologies [J]. International Journal of Innovation Science, 2012, Vol. 4 (4): 191 -203.

[122] Pearson C. Autonomous Workgroups: an Evalution at an Industrial Site. Human Relations, 1992, Vol. 45 (9): 905 -936.

[123] Quinn James Brian. Team innovation [J]. Executive Excellence. Jul 1996, Vol. 13 (7): 13 -14.

[124] Richard L Flight, Arthur W Allaway, Wan - Min Kim and giles D' Souza. A Study of Perceived Innovation Characteristics Across Cultures and Stages of Diffusion [J]. Journal of Marketing Theory and Practice, winter 2011, Vol. 19 (1): 109 -125.

[125] Rifat A Atun, Ian Harvey, Joff Wild. Innovation, Patents and Economic Growth [J]. International Journal of Innovation Management, June 2007, Vol. 11 (2): 279 -297.

[126] Rishikesha T Krishnan. Innovation Strategies of Indian Market Leaders [J]. Journal of Indian Business Research, 2012, Vol. 4 (2): 92 -96.

[127] Roberts E B. Managing Invention and Innovation [J]. Research Technology Management, 2007, Vol. 50 (1): 35 -54.

[128] Roger Miller, Xavier Olleros. To Manage Innovation, Learn the Architecture [J]. Industrial Research Institute, Inc, May - June 2008: 17 -27.

[129] Roper S. "Product Innovation and Small Business Growth: A Comparison of the Strategies of German, UK and Irish Companies" [J]. Small Business Economics, 1997, Vol. 9: 523 -537.

[130] Rose S. et al. Framework for Measuring Innovation: Initial Approaches [J]. Information Innovation Intangible Economy. Working Paper, 2009, Vol. 6.

[131] Rothwell Roy. Towards the Fifth - generation Innovation Process [J]. International Marketing Review, 1994, Vol. 11 (1): 7 -31.

[132] Sabina Rokital, Adriana Kaszuba - Perz. Determinants of Construction for an Information System Supporting Innovation Management [J]. Financial Internet Quarterly (e - Finanse), 2012, Vol. 8 (4): 53 -62.

[133] Saradindu Bhaduri, Hemant Kumar. Extrinsic and Intrinsic Motivations to Innovate: Tracing the Motivation of "grassroot" innovators in India [J]. Mind Soc, 2011, Vol. 10: 27 -55.

[134] Schein E H. Organizational Culture and Leadership: A Dynamic View, 3rd ed. [M]. San Francisco: Jossey - Bass, CA, 2004.

[135] Seokin Choi, Hyounseung Jang, Joonsik Hyun. Correlation between Innovation and Performance of Construction Firms [J]. NRC Research Press Web site, 13 November, 2009: 1722 - 1731

[136] Seyed Hadi Razavi, Omid Attarnezhad. Management of Organizational Innovation [J]. International Journal of Business and Social Science. January 2013, Vol. 4 (1): 226 - 232.

[137] Seyedeh Khadijeh Taghizadeh, Krishnaswamy Jayaraman, Ishak Ismail, Mohammad Iranmanesh. Service Innovation Management on Market Performance through Relevancy of Market conditions: Guide to Telecommunications Industry, Malaysia [J]. Australian Journal of Basic and Applied Sciences, 2013, Vol. 7 (4): 241 - 252.

[138] Simon James. How to manage your company's innovation [J]. NZ Business, Mar 2002, Vol. 16 (2): 24 - 25.

[139] Smilor, R. W. Commercializing tehnology through new business incubators [J]. Research Management, 1987, Vol. 30 (5): 36 - 41.

[140] Spyros Arvanitis, Martin Woerter. Firms' transfer Strategies with Universities and the Relationship with Firms' Innovation Performance [J]. Industrial and Corporate Change, June 5, 2009, Vol. 18 (6): 1067 - 1106.

[141] Stringer Robert. How To Manage Radical Innovation [J]. California Management Review, Summer 2000, Vol. 42 (4): 70 - 88.

[142] Sukanlaya Sawang. Key Performance Indicators for Innovation Implementation: Perception VS. Actual Usage [J]. Asia Pacific Management Review, 2011, Vol. 16 (1): 23 - 29.

[143] Sundbo Jon. Management of innovation in Services [J]. The Service Industries Journal, Jul 1997, Vol. 17 (3): 432 - 455.

[144] Susumu Ogawa, Kritinee Pongtanalert. Exploring Characteristics and Motives of Consumer Innovators: Community Innovators VS. Independent Innovators [J]. Research - Technology Management, May—June 2013: 41 - 48.

[145] Talal T. Nusair. The Role of Climate for Innovation in Job Performance: Empirical Evidence from Commercial Banks in Jordan [J]. International Journal of Business and Social Science, March 2013, Vol. 49 (3): 208 -

217.

[146] Talsma Julin. Encourage creative process to spur innovation [J]. Ophthalmology Times, Jun 15, 2003, Vol. 28 (12): 50 - 50.

[147] Tamil L Knotts, Stephen C Jones, Gerald G Udell. Innovation Evaluation and Product Market Ability [J]. Marketing Management Journal, Fall 2009, 19 (2): 84 - 90.

[148] Tawney Eric. Weaken the US Patent System to Encourage Innovation [J]. Chicago Policy Review, Apr 17, 2013.

[149] Teece David J. Inter - organizational Requirements of the Innovation Process: Introduction [J]. Managerial and Decision Economics, Spring 1989: 35 - 42.

[150] Thomas Alan. Henkel's innovative team briefing program [J]. Strategic HR Review, Nov/Dec 2005, Vol. 5 (1): 10 - 11.

[151] Thompson. Innovation through people [J]. Management Decision, 2004, Vol. 42 (9): 1082 - 1094.

[152] Tidd J. Innovation Management in Context: Environment, Organization and Performance [J]. International Journal of Management Reviews, 2001, Vol. 3 (3): 169 - 183.

[153] Tower C Burk, Sebora Terrence C, Hartman E Alan, Cornwall Jeffrey R. Measurement of organizational innovation: A Process Approach [J]. Journal of Business and Entrepreneurship, Jul 1993, Vol. 5 (2): 23 - 36.

[154] Valikangas Liisa, Magnotta Vincent L, Fowler Allan. Manage Innovation as a corporate capability [J]. Chemical Engineering Progress, Jan 2003, Vol. 99 (1): 64 - 69.

[155] Van Duivenboden, Hein and Marcel Thaens. ICT - driven Innovation and the culture of public Administration: A Contradiction in Terms? [J]. Information Polity, 2008: 213 - 232

[156] West M A, Farr J L. Innovation and Creativity at Work [J]. Psychological and Organizational Strategies, 1990: 3 - 13.

[157] Winkler Viviane A, Bouncken Ricarda B. How Does Cultural Diversity in Global Innovation Teams Affect the Innovation Process? [J]. Engineering Management Journal, Dec 2011, Vol. 23 (4): 24 - 35.

[158] Wolfgang Sofka, Christoph Grimpe. Specialized search and innovation per-

formance - evidence across Europe [J]. R&D Management, 2010, Vol. 40 (3): 310 - 323.

[159] Yaney Joseph P. The management of innovation [J]. Personnel Journal (pre - 1986). Mar 1970, 224 - 225.

[160] Ysabel Nauwelaerts, Lessius Antwerp. Innovation Management of SMEs in the Creative Sector in Flanders and the Netherlands [J]. Journal of Marketing Development and Competitiveness, 2012, Vol. 6 (3): 140 - 153.

[161] Zhang Lee. Bridging the Gap between Technology and Business Strategy: A Pilot Study on the Innovation Process [J]. Management Decision, 1995, Vol. 33 (8): 13 - 21.

[162] Zhuang Lee, Williamson David, Carter Mike. Innovate or liquidate - are all Organizations Convinced? A two - phased Study into the innovation Process [J]. Management Decision, 1999, Vol. 37 (1): 57 ~ 71

[163] 柯常青. 欧盟创新人才培养政策举措 [J]. 中国人才, 2012, [2]: 51 - 53.

[164] 李开复. 做最好的创新 [J]. 企业管理, 2009 (9): 66 - 68.

[165] 李湘桔, 詹勇飞. 创新生态系统——创新管理的新思路 [J]. 电子科技大学学报 (社科版), 2008, 10 (1): 45 - 48.

[166] 刘景江. 发展有效的全面创新管理: 理论框架与案例分析 [J]. 自然辩证法通讯, 28 (162): 60 ~ 64

[167] 许庆瑞, 梁欣如, 郑刚. 企业创新管理基本范式的发展与全面创新管理 (TIM) 的必然性——基于创新退化视角 [J]. 中国地质大学学报 (社会科学版), 4 (5): 14 - 18.

[168] 杨晨, 顾晓丹. 创新团队内涵探析 [J]. 科技管理研究, 2008 (6): 394 - 396.